그리스도는 누구를 위해 죽었는가?

R. B. 카이퍼 지음
현영훈 · 신호섭 옮김

고려신학교출판부

FOR WHOM DID CHRIST DIE?

A STUDY OF
THE DIVINE DESIGN OF THE ATONEMENT

by
R. B. Kuiper
Professor Emeritus of Practical Theology
Westminster Theological Seminary
President Emeritus of Calvin Seminary

translated by
Young-Hoon Hyun
Ho-Sub Shin

Copyright ©1959 by Wm. B. Eerdmans Publishing Co.
Originally published in English under the title
FOR WHOM DID CHRIST DIE? by R. B. Kuiper
Published by Wm. B. Eerdmans Publishing Co.
Grand Rapids, Michigan 49505, U.S.A.

Korean Edition
Copyright ©2012 by Publishing Department of
Goryo Theological Seminary,
Paju, Korea.

목 차

저자 서문 ▪ 3
역자 서문 ▪ 8

제1장 무제한의 보편주의 ▪ 15
　교리 역사속의 무제한적 보편주의 ▪ 15
　성경의 빛으로 비추어 본 무제한적 보편주의 ▪ 21

제2장 알미니안주의 보편구원론 ▪ 35
　개신교에 만연한 알미니안주의 ▪ 35
　알미니안주의와 우주적 성격의 성경 본문들 ▪ 38
　알미니안주의와 성경적 교리 체계 ▪ 56

제3장 바르트의 보편주의 ▪ 65
　바르트 신학에서 예정의 위치 ▪ 68
　바르트와 개혁주의 예정 교리의 대립 ▪ 70
　바르트의 예정 교리와 보편주의 ▪ 76
　성경적 예정 교리와 바르트의 대립 ▪ 87

제4장 성경적 제한속죄 ▪ 97
　제한속죄를 인정하는 하나님의 말씀 ▪ 99
　그리스도의 구원 사역을 더 높이는 제한속죄 ▪ 109

제5장 성경적 보편주의 ▪ 121
　보편적 적합성과 속죄의 충분성 ▪ 123
　일반은총 ▪ 125
　구원의 우주적이며 신실한 제공 ▪ 129
　온 세상의 구원 ▪ 143

인명 색인 ▪ 149

저자 서문

흔히 개신교 안에는 인간 구원과 관련한 하나님의 속죄 계획에 대하여 세 가지 견해가 있다. 그것은 무제한적 보편주의, 일관성 없는 보편주의, 제한적 속죄론 등으로 칭한다. 첫번째 무제한적 보편주의는 대개 보편주의 교회, 여러 교단에 산재한 무수한 자유주의자들, 그리고 심지어 신학적 보수주의자들 가운데 극히 일부에 의해서도 주장되고 있다.

이는 하나님께서 모든 사람을 구원하기 위해 속죄를 계획하셨고, 그 결과 모든 사람이 다 구원받는다는 생각이다. 둘째 일관성 없는 보편주의는 알미니안주의 신봉자들에 의해 주장되며, 이를 약간 변형한 견해가 루터교에 의해 지지된다. 하나님께서는 모든 사람을 구원하려 속죄를 계획하셨으나, 모든 사람이 구원받는 것은 아니라고 생각한다. 내용상 알미니안주의와 본질적으로 다르지만 칼 바르트의 보편주의도 일관성이 없기는 마찬가지이다. 셋째 제한적 속죄론은 역사적 칼빈주의를 견지하는 교회와 칼빈주의 지지자들에 의해 주장된다. 하나님께서는 속죄를 통해 선택한 사람들을 구원하려 계획하셨고, 그 결과 선택된 사람들, 오직 선택된 사람들만이 구원받는다는 주장이다.

나는 위의 견해 중 제한적 속죄론만이 성경적이라는 강한 확신을 갖고 있으며, 이는 나머지 두 견해와 대치됨을 말하고 싶다. 하지만 이 책의 목적은 이보다 더 구체적이다. 제한적 속죄는 소위 칼빈주의 5대 교리 중에 하나이다. 나머지 다른 네 개의 교리는 무조건적 선택, 전적 타락, 불가항력적 은혜, 그리고 성도의 견인이다. 이 다섯 가지의 교리 가운데 제한적 속죄는 아마도 가장 인기 없는 교리가 아닐까 싶다.

구원에 관한 개혁주의 교리와 제한적 속죄론이 인기 없는 이유는 같다고 할 수 있다. 인간의 구원이 오직 하나님의 주권적 은혜로만 가능하다는 교리는 개혁주의 신앙의 심장과 같다. 이 교리는 사람의 구원이 오직 주님께만 달려있다 말하고, 사람은 그의 인격 속에서 역사하시는 주님의 은혜 없이 구원을 얻을만한 그 어떤 선한 일도 행할 수 없다고 말한다. 이는 또한 하나님께서는 인간 구원을 통해 모든 영광을 받으시되 인간은 그 스스로에게서 아무것도 취할 것이 없다고 주장함으로써, 성경에 나타난 다른 구원의 교훈들과 마찬가지로 사람을 겸손하게 한다. 찰스 스펄전은 이렇게 설명한다. "만일 천상에 속한 우리들이 의의 겉옷을 한 땀이라도 꿰매어야 한다면 우리 모두는 구원을 잃고 말 것이다!" 이처럼 극도로 인기 없는 교리들 가운데서 제한적 속죄 교리는 빼놓을 수 없는 필수 요소라 하겠다.

제한적 속죄 교리가 인기 없는 또 다른 이유가 있다. 그 이유는 칼빈주의 자체가 아닌 칼빈주의자들, 개혁주의 신앙 자체가 아닌 그 신앙을 가르치는 선생들 가운데서 찾을 수 있다. 그것은 개혁주의 강단이 이렇게도 중요한 교리에 대해 정확한 설명을 하지 않는다는 사실이다. 뿐만 아니라 개혁주의를 주창하는 설교자들 가운데 대부분은 이 교리를 진술하려다 그저 '그리스도가 택한 자들만을 위해 죽으셨다!'고 말하는 것으로 끝내버리고 만다. 이 교리를 설명하려면 바른 성경의 주해와 더불어 강조가 필요하다. 만일 그렇지 않으면 그 자체로서 이 진리를 담부하고 있는 성경의 증거에 대해 정당하게 행하는 것이 아니며, 이 교리의 역사적 형성과 칼빈과 같은 유능한 개혁주의 신학자들의 저술들에 대해서도 온당치 못하게 행하는 것이 된다. 결과적으로 속죄의 범위를 언급한 성경 본문들에 대해 피상적으로나마 아는 사람들과, 이 주제를 다룬 신학자와 이와 관련한 교회의 신앙 고백에 전혀 무지하지 않은 사람들은 불만족스럽고 혼돈스런 상태에 빠지게 되고 만다.

따라서 이 제한 속죄의 교리를 엄위하신 하나님 말씀의 충만한 빛 가운데 정돈하는 것은 이론적으로 중요할 뿐 아니라 또한 가장 시급히 해결해야 할 문제이기도 하다. 이 책에서 다룰 내용들은 바로 이 방향에서 학문적 접근을 시도했다. 즉, '속죄를 위한 하나님의 디자인'이 바로 우리들의 주제인 것이다. 속죄 안에서 하나님의 계획이 진실로 특별하고 제한적이라는 사실을 보여주게 될 것이다. 그리고 다른 한편으론 하나님의 속죄 계획이 실제적 의미에서 결코 보편적이지 않다는 사실 또한 보여주게 될 것이다.

이 연구는 신앙의 유일무이한 법칙인 성경에 기초한다. 이런 측면에서 본 연구는 복음적 진영에서 저명한 제임스 데니(James Denney) 『그리스도의 죽으심과 현대적 의미의 속죄』(*The Death of Christ and the Atonement and the Modern Mind*)에서 보여준 접근법과는 다르다. 이 책에서 데니는 성경 가운데서 발견한 진리 때문에 성경을 존중한다고 공언하고 있다. 하지만 나는 성경이 하나님의 말씀임을 믿기 때문에 성경의 교훈 전체를 진리로서 받아들인다. 물론 데니가 그의 속죄 교리에 대한 진술의(전체가 아니라면) 상당 부문을 거룩한 기록(성경)에 기초하고 있는 것은 자명하지만 양자 간에는 확연한 차이점이 있다. 우리는 데니가 이 연구의 정확한 주제, 곧 속죄를 위한 하나님의 계획에 대해 할 말이 없다는 것에 주목하게 될 것이다. 처음부터 그는 속죄 교리를 충분히 정립할 의도가 없었고, 그렇기 때문에 이 책에서 다룰 속죄의 국면은 그의 관심을 끌지 못할 것이다.

이 책을 출판하기에 앞서 칼빈신학교의 조직신학 교수인 클루스터 박사(Dr. F. H. Klooster)에게 심심한 감사를 표하고 싶다. 그는 이 책을 위해 나의 원고를 읽는 수고를 하였고 조언을 아끼지 않았다. 물론 각 장의 구성과 내용에 대한 책임이 전적으로 나에게 있음은 두 말할 필요가 없다.

벤자민 워필드의 *Biblical Doctrines*와 *Studies in Theology*를 인용할 수 있도록 허락해 준 P&R 출판사, 자신의 단편인 *Common Grace*를 인용하도록 허락한 코넬리우스 반틸 박사, 넬스 페레(Nels F. S. Ferre)의 *The Christian Understanding of God*를 인용하도록 허락한 하퍼 & 브라더스 출판사, 메이첸의 유작인 *The Christian View of Man*을 인용하도록 허락한 메이첸 기념사업이사회, 루이스 벌코프의 *Systematic Theology*와 *Vicarious Atonement through Christ*, 메이첸의 *God Transcendent and Other Sermons*, 로레인 뵈트너의 *Studies in Theology*, 그리고 벌카우어의 *De Triomf der Genade in de Theologie van Karl Barth*의 영역본, 그리고 *The International Standard Bible Encyclopedia*를 인용하도록 허락해 준 어드만 출판사, 1958년 세계연감(*World Almanac*)을 인용하도록 허락한 뉴욕세계전보공사, 1946년과 1952년 판권의 RSV 성경을 인용할 수 있도록 허락한 미합중국 그리스도교회 평의회소속 기독교교육분과에게 감사한다. 이러한 인용들은 본문에서 다 표시가 되었다.

이 연구를 발표하면서 나는 신학자와 더불어 설교자를 염두에 두었고, 강단에서 설교하는 사람뿐 아니라 아래에서 설교를 듣는 사람의 입장도 유념하였다. 이 책을 개혁주의자의 시조인 존 칼빈 탄생 450주년인 1959년에 출판하게 된 것은 아주 시의적절하다 생각한다.

R. B. Kuiper

역자 서문

  세상 끝 날에 세상의 모든 사람이 다 구원을 받게 될 것이냐 아니면 오직 택하심을 받은 자들만이 구원을 얻게 될 것이냐 하는 문제를 두고 초대교회로부터 지금까지 신학계는 서로 다른 견해로 엇갈리고 있다. 소위 '만인구원설'을 주장하는 자들은 심지어 하나님과 성령을 저주하고 모독한 흉악한 죄인들까지도 마지막에는 다 구원받을 것이라 확신한다. 오늘날 자유주의 학자들과 신정통주의 계열의 학자들이 대체적으로 이 첫번째 견해를 따른다. 반면에 오직 창세전에 하나님께 택하심을 받은 사람들만이 구원을 받고 그렇지 않은 자들은 버림을 받아 영원한 형벌에 처하게 될 것이라 믿고 주장하는 칼빈주의자들이 있다. 또 다른 무리는 하나님께서 만인구원을 계획하셨으나, 인간의 자유의지로 그 구원을 거절할 수도 있다는 절충안을 내세우는 알미니안주의자들이다.

위의 세 가지 견해는 각기 성경의 뒷받침을 얻고 있다고 주장한다. 예컨대, "아담 안에서 모든 사람이 죽은 것같이 그리스도 안에서 모든 사람이 삶을 얻으리라!"(고전 15:22)는 말씀과 "저는 우리 죄를 위한 화목제물이니 우리만 위할 뿐 아니라 온 세상 죄를 위하심이라!"(요일 2:2)는 말씀 등은 언뜻 볼 때 만인구원설을 지지하는 듯하다. 하지만 성경에는 이와 전혀 상반된 다른 구절들이 훨씬 많다. 예를 들면, 주님께서 "저희(죄인)는 형벌에 의인들은 영생에 들어가리라!"(마 25:46)고 하신 말씀과 바울이 "우리 주 예수의 복음에 복종치 않는 자들에게 형벌을 주시리니 ... 영원한 멸망의 형벌을 받으리라!"(살후 1:8-9)고 한 말씀이 그것이다. 또한 요한계시록에서 주님은 짐승과 우상에게 경배한 자들이 모두 '세세토록 고통을 받는 곳에 처하게 될 것'(계 14:11, 20:13-15)이라고 했다. 이밖에도 성경의 무수한 구절들이 죄인의 최후 심판과 멸망을 선언하고 있다. 그리고 오직 하나님의 주권적 택하심을 받은 자들만이 구원받게 될 것을 밝히고 있다(마 1:21, 요 10:1, 요 17:19, 엡 1:4-10). 따라서 우리는 이러한 성경 구절들을 엄밀히 살피고 성경에 뿌리내린 사상을 붙잡아야만 한다.

이 책의 원저(*For Whom Did Christ Die?* 1959)를 쓴 카이퍼(R. B. Kuiper:1886-1966)는 화란계 미국의 저명한 교수요 개혁파 교회 목회자이다. 그는 화란에서 태어나 5살 되던 해에 목회자인 아버지를 쫓아 미시간의 그랜드 하벤(Grand Haven)에 정착하여 그 곳에서 어린 시절을 보냈다. 시카고대학교(1907)와 인디애나대학교

(1908)에서 각각 인문학 학사와 석사를 취득한 후 칼빈신학교(1911, diploma)와 프린스턴신학교(1912, Th.B.)에서 공부하였다. 그 뒤 CRC와 RCA 및 OPC 등의 교단에서 다년간 목회를 하였다. 웨스트민스터신학교에서 조직신학과 실천신학을 가르쳤고, 칼빈대학(1930-33)과 칼빈신학교(1952-56)에서 각각 학장과 교장을 역임하였다. 그의 대표적인 저술로서 『하나님 중심의 전도』(*God-Centered Evangelism*, 1961), 『누가 그리스도의 영광을 탈취하였는가?』(*The Glorious Body of Christ*, 1967) 등이 있다.

카이퍼는 기독교회, 심지어 개혁주의를 표방하는 교회에도 알미니안주의와 신정통주의의 만인구원설이 널리 퍼져있는 현실을 개탄하며, 이러한 잘못된 사상과 교리를 드러내어 비판하고, 성경에 근거한 바른 개혁주의의 제한적 속죄 교리를 정립하고자 이 책을 저술했다.

1장은 '무제한의 보편주의'라는 주제를 바탕으로 모든 사람이 궁극적으로 구원받는다고 하는 사상이 성경이 아닌 인간의 이성적 사유에 근거하고 있음을 지적한다.

2장 '알미니안주의 보편구원론'에서는 알미니안주의자들이 주장하는 보편적 속죄가 성경에 일부 호응하는 것 같지만 궁극적으로 성경에서 가장 강조하는 하나님의 주권과 '오직 은혜로 구원받음'의 사상을 훼손한다고 논증한다.

3장 '바르트의 보편주의'에서는 바르트의 신학이 매우 복잡하고 미묘함에도 불구하고 저자는 바르트가 명백히도 보편적 속죄론을 주창하고 있으나 그 실제에 있어서는 알미니안주의와 같이 일관성이 전혀 없음을 지적하고 있다.

4장 '성경적 제한속죄'에서는 성경을 바탕으로 예수 그리스도의 속죄가 어떻게 제한적이 될 수밖에 없는지를 명료하게 진술하면서 다른 두 가지 견해를 논박하고 있고, 제 5장 '성경적 보편주의'에서는 '예수 속죄의 보편성' 곧 예수님의 속죄가 '온 세상'(요일 2:2)을 위한다고 했을 때 그것이 정작 무엇을 의미하는지 철저히 개진한다.

본 책자는 필자와 필자의 동료인 신호섭 교수가 여러 해 전(2006~2007년)에 고려신학교 교수논문집에 3차에 걸쳐 번역 게재했던 것을 금번에 묶은 것이다. 해외 신학논문들 가운데 개혁주의 신학을 대표하는 좋은 논문들을 선별하여 우리 교단 목회자들과 신학생들에게 널리 보급하고자 하는 선한 목적을 가지고 의기양양하게 번역하였는데, 지금 보니 매우 부족하고 여러 가지로 미흡한 부분이 많이 발견된다. 저자가 주장하는 논리나 문장의 의미가 잘 전달되지 않는 것은 순전히 번역자인 필자의 역부족이다. 이러한 제한에도 불구하고 이 책을 통해서 한국 교회의 목회자들과 신학생 및 성도들이 '그리스도 속죄'에 대한 잘못된 사상을 바로 잡고 '제한적 속죄 교리'에 확실히 천착하기를 소원한다.

이 책을 번역하고 또 출판하기까지 물심양면으로 배려하고 지도해주신 고려신학교 교장 석원태 박사, 해외 논문을 선별하여 번역토록 안내해 주신 도서관장 석기신 교수, 그리고 논문들을 엮어서 책으로 내도록 모든 수고를 아끼지 않은 출판부 황명길 교수와 권두일, 조주영 선생 그리고, 총무처장 권구석 장로께 심심한 감사를 드린다. 마지막으로 여러 모로 부족한 필자를 들어 사용하시는 하나님께 깊은 감사와 찬송과 영광을 바친다!

2012년 5월 파주 늘노리 골짜기 고려신학교에서

제1장
무제한의 보편주의

교리 역사속의 무제한적 보편주의
성경의 빛으로 비추어 본 무제한적 보편주의

제1장 무제한의 보편주의

교리 역사속의 무제한적 보편주의

모든 사람이 궁극적으로 구원받는다는 개념은 이교사상의 영향을 받은 알렉산드리아의 클레멘트에 의해 기독교에 처음으로 유입되었다. 클레멘트는 211년과 216년 사이에 사망했고 그의 제자는 유명한 오리겐이다. 오리겐은 인간의 영혼이 선재한다는 플라톤의 이론에서 출발하여 인간 영혼이 육체라는 옷을 입고 교육과 훈련을 받아 필연적으로 유익한 결과를 산출한다고 가르쳤다. 뿐만 아니라 그는 심지어 타락한 천사들에게도 구원이 있다고 가르쳤다.

4세기 나지안주스(Nazianzus)의 그레고리(Gregory)와 니사(Nyssa)의 그레고리(Gregory)도 모두 보편적 구원론을 주장했다. 나지안주스(Nazianzus)의 그레고리(Gregory)는 죄 문제를 해결하려는 시도로부터 하나의 보편적인 결론을 도출하였다. 그에 따르면 하나님이 죄를 허용하고 그 죄책이 세상에 유입되도록 한 것은 마지막 때에 모든 사람이 구원받을 것을 미리 아셨기 때문이라고 말했다. 중세기 서구 신학이 대부분 보편주의를 반대했음에도 불구하고 9세기의 존 스코투스 에리게나(John Scotus Erigena)도 보편적 속죄론을 가르쳤다.

종교개혁의 시대에도 역시 하나님께서는 모든 사람들을 영생으로 선택하셨기에 인간의 구원은 확실하다고 가르치는 사람들이 있었다. 1567년 데브렉첸(Debreczen)에서 열린 총회에서는 이것을 '완전예정론'(Holopraedestinarii)으로 정의했으며 그들의 가르침을 정죄하는 고백서(Summa Confessionis et Conclusionum)를 작성했다. 그 이후에도 그리스도 구속사역 성취를 통한 보편적 구원을 주장하는 사람이 꾸준히 존재했다. 그 중 대표적인 사람이 오늘날 자유주의 신학의 아버지로 불리우는 슐라이어마허이다. 최근에는 스코틀랜드의 탁월한 신학자인 글라스고우 대학의 윌리암 하스티(William Hastie)와 에딘버러 대학의 윌리엄 패터슨(William P. Paterson)이 보편주의 구원을 주장하고 있다.

미국에서도 보편주의가 조직적으로 나타나기 전에 이미 교파들마다 이러한 주장을 하는 사람들이 있었다. 그 가운데 펜실베니아 대학을 창립하고 수 년 동안 프로테스탄트 감독교회의 총회장을 지낸 윌리엄 스미스(William Smith), 찰스 촌시(Charles Chauncy), 조나단 메이휴(Jonathan Mayhew)와 같은 회중교회 지도자들이 있다. 또한 유니테리언파와 스웨덴보르그파는 크리스챤 사이언스와 함께 보편적 구원론을 가르쳐 왔다. 실제로 미국 메사추세츠주 글로체스터에는 1779년에 보편주의 교회가 설립되었다.

1803년 뉴햄프셔주 윈체스터에서 열린 총회에서는 이 항목에 관한 신앙고백을 다음과 같이 작성했다. "우리는 한 하나님을 믿는다. 그분의 본성은 사랑이시고 … 인류의 모든 가족을 마침내 회복하여 거룩함과 행복함으로 이끄실 것을 믿는다."고 했고, 1899년 총회는 이러한 신앙을 받아들일 것을 교제의 조건으로 하는 "입회 규칙"을 만들었다. 그리고 이 교제는 바로 "하나님과 모든 영혼이 최종적인 화평"[1])을 누리는 것이라 말했다. 1958년 세계연감(World Almanac)[2])에는 388개의 보편주의 교회가 70,519명의 회원으로 구성되어 있다고 보고되었다. 비록 이 교단이 크게 번성하지는 않았지만, 적어도 보편주의 신앙을 믿는 사람들이 꽤 많은 교회들에 산재해 있음을 알 수 있다. 일반적으로 신학적으로 보다 자유화될수록 더 많은 사람들이 보편주의자가 되는 경향을 보인다.

한편 근래에는 극단적인 보편주의가 그 부활을 시도하고 있다. 여호와의 증인이 그러하고 이차 구원을 가르치는 몇몇 교파들이 그러하다. 이들은 모두 영원한 형벌을 부인한다. 뿐만 아니라 세계적으로 많은 교회와 다양한 교파에서 영향력을 끼치고 있는 지도자들이 공공연히 만인의 궁극적 구원을 외치고 있다. 영국에서 보편주의를 주창하는 학자들 가운데에는 도드(C. H. Dodd), 로빈슨(J. A.

---

1) A 5.
2) Published by *The New York World-Telegram and the Sun*.

T. Robinson), 파머(H. H. Farmer) 등이 있다. 로빈슨은 단호한 어조로 "보편주의가 이단적인가?"라는 논문을 『스코틀랜드 신학저널』(*The Scottish Journal of Theology*)에 발표하였다.

> 오리겐의 말에 의하면 지옥에 한 사람의 죄인이라도 남아 있는 한 그리스도께서는 십자가에서 결코 내려오지 않으실 것이라고 했다. 이것은 결코 사변이 아니다. 이것은 하나님 본성(本性)의 필연성에 근거한 진술이다. 사랑의 세계에는 결코 공포의 세계를 묵과하는 천국이 있을 수 없고, 어느 누구에게도 지옥이 있을 수 없다. 동시에 그러한 지옥이 하나님을 위한 것이 될 수도 없다. 하나님은 그러한 상태를 절대로 참고 보실 리가 없다. 왜냐하면 그것은 하나님의 본성을 결정적으로 조롱하는 것이 되기 때문이다. 그러므로 그는 결코 지옥을 허용하시지 않는다.[3]

예상하는 대로 독일과 스위스에도 역시 이러한 보편주의를 주장하는 자가 있다. 『타임지』(*The Times*)를 비롯한 우리 시대의 종교서적들은 칼 바르트를 보편주의자로 칭한다. 하지만 나중에 이 논의에서 지적하겠지만 그의 보편주의는 일관성이 없다. 그는 성경이 분명하게 어떤 이들의 영원한 저주에 대해 가르치고 있음을 충분히 잘 알고 있었다. 이러한 인식은 그가 보편주의를 주장하는데 걸림돌로 작용했다. 한편, 1950년 빌헬름 미카엘리스(Wilhelm Michaelis)는 『보편적 구속: 하나님의 은혜의 복음』(*Universal Redemption: The Good News of the Grace of God*)이라는 책을 출판했는데, 그는 이 책에서 무제한의 보편주의를 옹호했다. 그는 자신

---

3) II, p. 155.

의 명예를 걸고 대부분의 보편주의자들과는 다르게 성경 주석을 통해 자기 주장을 입증하려고 했다.

만인의 궁극적 구원을 외치는 수많은 미국 신학자들 중에서 가장 뛰어난 사람은 아마도 넬스 페레(Nels F. S. Ferre)일 것이다. 그는 스웨덴에서 출생하였지만 미국에서 교육을 받고 명성도 얻었다. 그는 앤도버 뉴튼 신학교(Andover Newton Theological School)와 반데르빌트 종교대학(Vanderbilt University School of Religion)에서 철학과 종교학을 강의하고 많은 저술들을 발표하면서 명망을 쌓았다. 그는 우리가 절대 품을 수 없는 생각 중에 하나를 꺼내어 들었다. 그는 완전한 공의와 무한한 사랑을 가진 절대 주권의 하나님께서 어떻게 사람이 영원히 멸망하도록 허락하실 것인가 하는 의문을 제기하였다.

페레는 『기독교의 하나님 이해』(The Christian Understanding of God)라는 책에서 영원한 지옥을 부인한 오리겐을 정죄함으로 인해 "교회는 그 스스로 기독교 복음에서 벗어나 다른 것을 주창(主唱)하는 자로 나서게 되었다."고 말한다. 그는 계속해서 말하기를

> 만일 영원한 지옥이 실재한다고 하면 그리스도의 사랑은 영원히 좌절되고 천국은 잃어버린 자를 향한 눈물과 근심의 장소가 되고 말 것이다. 천국에서 희락과 슬픔이 함께 어우러지는 일은 도무지 있을 수 없다. 하나님이 진정으로 사랑하는 자들에게는 그와 같은 정신분열적 인격이 결코 있을 수 없고 하물며 하나님 자신이 그런 이중적인 인격을 가지실 수가 없기 때문이다. 바로 이러한 이유 때문에 천국은 지옥이 완전히 텅 비었을 때만이 비로소 온전한 천국이 될 수 있으며

> 하나님은 진정한 하나님이 되신다. 사람들이 얼마나 악하든 상관없
> 이 하나님은 그 자신에게 더없이 신실한 분이시다. 권능, 나라, 영광
> 이 영원히 그에게 있어야 할 명분이 바로 여기에 있는 것이다."4)

일반적으로 미국의 목사와 신학 교수 중 많은 사람들이 교단의 교리 표준을 통해서 불신자에게 영원 형벌이 있다고 명백히 고백하고 있다. 페레의 의견을 따르자면 이들이 강단과 교실에서 그토록 담대하게 선언하는 바로 그 교리도 본질은 사랑의 하나님에게 전적으로 부합되고 만다.

그러나 이러한 주장들은 항상 중요한 한 가지 사실을 빠뜨리는 실수를 범한다. 그것은 바로 대속적 속죄를 말하는 성경의 말씀을 모든 보편주의자들이 전적으로 부인하지는 않는다는 사실이다. 실상 많은 보편주의자들이 그러한 속죄의 견해에 극도로 열을 내면서 부인하고 있다. 그리스도의 대신 죽으심이 하나님의 공의를 만족시키고 죄를 씻는 것이라는 성경의 가르침을 적잖은 보편주의자들이 혐오하고 있다고 단언해도 과장은 아니다. 하지만 그들 중 절대 다수, 아마도 그들 모두는 이 방식으로든 혹은 저 방식으로든 "이는 하나님께서 그리스도 안에 계시사 세상을 자기와 화목하게 하시며…"(고린후 5:19)라는 말씀을 믿고 있다. 달리 말해 그들의 보편적 구원설은 어쨌거나 속죄의 보편적 개념을 포함하고 있다.

---

4) Harper & Brothers, New York, 1951, pp. 236f.

성경의 빛으로 비추어 본 무제한적 보편주의

그러나 이러한 만인의 궁극적 구원을 말하는 무제한적 보편주의에 대하여 중요한 반론들이 제기되고 있다. 즉, 무제한적 보편주의는 전도를 위한 노력을 무디게 만들뿐 아니라 구원받지 못한 자들을 향한 복음 선포의 시급성을 파괴한다는 주장이다. 이러한 주장의 타당성을 결코 부정할 수 없다. 얼마 후에 모든 사람들이 영원한 축복의 세계에 들어간다고 믿는 사람이라면 굳이 죄인들을 향해 믿음으로써 하나님의 사랑에 반응하라고 집요하게 촉구할 수가 없는 것이다. 뿐만 아니라 바울과 같은 전도자들이 열정적으로 복음을 전파할 수 없게 만든다. "이러므로 우리가 그리스도를 대신하는 사신이 되어 하나님이 우리로 하여금 너희를 권면하시는 것 같이 그리스도를 대신하여 간구하노니 너희는 하나님과 화목하라."(고린후 5:20)고 한 바울의 전도는 계속 될 수가 없게 된다.

또한 보편주의자들은 하나님을 자기 자신과 비유하는 잘못을 범하고 있다고 지적된다. 즉, 신적인 사랑을 사람의 애정과 동일시하여 사람이 다른 사람에게 영원한 고통의 형벌을 내리지 않는 것처럼 하나님도 인간에게 그와 같이 영원한 보복을 하실 분이 아니라고 주장하는 것이다. 이와 같이 보편주의자들은 이성주의로 무장하고 있어서 모든 경우에 성경이 하나님의 계시임을 거부하는 것은 아니지만 적어도 하나님의 말씀을 이성적으로 해석하고 판단한다. 이렇게 행함으로써 이성주의자는 자신이 논리적이고 일관성이 있다는 입장에서 출발하여 성경의 가르침을 훼손하고 심지어 명백한 성경의 교훈마저도 부정하기에 이르렀다. 이와 같은 이성주의 오류는 역사 속에서 기독교 이단들로 치부되어 왔다. 그러나 앞에서 진술한 모든 논증들, 곧 다른 무제한적 보편주의에 대한 논증들에 대하여 타당한 반론이 제기될 수 있으며 이 모든 말은 한 마디로 명료히 압축된다. 그것은 바로 저들의 가르침이 하나님의 말씀과 모순된다는 말이다.

성경적 관점에서 절대적 보편주의를 의미있게 취급하는 것은 불가능하다. 보편주의자들이 대체적으로 성경을 심각하게 다루지 않는 분명한 이유가 여기에 있다. 물론 몇 가지 주목할 예외가 있기는 하지만 이 입장은 널리 통용되고 있다. 지극히 소수의 보편주의자들이 성경을 무오한 하나님의 말씀으로 인식하지만 자신들의 신학을 성경으로 실증하는데 열중하는 보편주의자는 거의 없다. 저들은 신학의 뿌리를 성경에 두려는 시도를 관습적으로 "성경주의"라 명명한다. 일반적으로 보편주의자들의 교리가 성경에서 출발했다고 말하지만 실제로는 성경보다 인간의 이성이나 도덕적 관념으로부터 발원했다고 보아야 한다. 그들은 하나님이 결코 자신의 피조물을 영원한 멸망에 이르도록 선고하실 분이 아니며, 만일 그렇다면 그런 하나님은 인간으로부터 경외를 받을 수가 없기 때문에 하나님은 그런 일을 행하실 수 없는 분이라고 말한다.

특별히 그들은 신적인 사랑의 완전성은 바로 영원한 형벌을 제외시키는 것이며 이러한 점은 성경이 무엇을 말하든 상관이 없다고 주장한다. 심지어 칼빈주의자라고 맹세한 윌리엄 패터슨(William P. Paterson)까지도 명백한 하나님 말씀 앞에 기꺼이 고개를 숙이지 않고 오히려 그 말씀에 이성적 해석을 억지로 갖다 붙이려 했다. 그는 다음과 같이 말했다.

> 하나님은 권능 안에서 그리고 하나님의 불가항력적인 은혜의 원리 안에서 가장 악한 자라도 구원하실 수가 있다. 만일 인류 중에 영원한 형벌에 처해질 자들이 있다고 굳이 주장한다면 그것은 하나님의 사랑이 완전하지 못하다는 가정 하에서만 설명될 수 있으니 그런 사랑은 모든 것을 참고 견디는 사랑이 아니므로 하나님의 속성과 모순된다.[5]

성경적 관점에서 무제한적 보편주의를 정당하게 취급하기 불가능한 또 다른 이유는 바로 성경이 그것과 아주 명백하게 모순되고 배치되기 때문이다. 악인의 최후 멸망은 성경에서 매우 확실하고 너무도 분명한 사상이다. 특별히 주 예수님의 말씀 속에서 더욱 명료하다. 만일 이러한 사상을 거부하는 자라면 그는 하나님 사랑의 화신인 그 아들 예수보다 자신을 더욱 인자한 자로 자처하는 사람이다.

주님은 거듭하여 지옥에 대하여 말씀하시기를 "거기는 구더기도 죽지 않고 불도 꺼지지 아니하느니라."(막 9 : 44 - 48)고 했다. 또한 주님은 그 제자들에게 훈계하시기를 "몸을 죽이고 그 후에는 능히 더 못하는 자들을 두려워 말라. 마땅히 두려워할 자를 내가 너희에게 보이리니 곧 죽인 후에 또한 지옥에 던져 넣는 권세 있는 그를

---

5) ***The Rule of Faith***, London and New York, 1912, p. 313.

두려워하라."(눅 12 : 4-5)고 하셨다. 가라지의 비유에서 주님은 가라지가 궁극적으로 알곡이 될 수 없다고 말씀하지는 않았으나 정확하게 "세상 끝 날에" 천사들이 그 가라지를 모아 "풀무 불에 던져 넣으리라."(마 13 : 40 - 42)고 말씀하셨다. 그리고 고기 그물의 비유에서는 나쁜 고기들이 다 밖에 버려지듯이 "세상 끝에도 이러 하니라. 천사들이 와서 의인 중에서 악인을 갈라내어 풀무 불에 던져 넣으리니 거기서 울며 이를 갊이 있으리라."(마 13 : 48 - 50)고 가르치셨다.

또한 그리스도께서 말씀하시기를 "또 누구든지 말로 인자를 거역하면 사하심을 얻되 누구든지 말로 성령을 거역하면 이 세상과 오는 세상에도 사하심을 얻지 못하리라."(마 12 : 32)고 했을 때, 이는 인자를 대적한 죄가 내세에 용서받을 수 있다는 뜻이 아니오, 성령을 대적하는 죄가 절대적으로 용서받을 수 없음을 강조한 것이다. 심판의 날에 심판자가 말씀하시기를 "저주를 받은 자들아 나를 떠나 마귀와 그 사자들을 위하여 예비된 영영한 불에 들어가라."(마 25 : 41)고 하셨다. 그들의 고통은 마치 악한 영들의 그것과 같이 종식되지 않는다는 뜻이다.

그리고 의인이 "영생"에 들어갈 때에 이들은 "영원한 형벌"(마 25 : 46)에 들어간다고 성경에서 말하고 있다. 의미심장하게도 똑같은 단어의 헬라어 형용사가[6] 구원받은 자의 미래와 구원받지

---

6) 헬라어 aiŏnios가 이 문맥에서 말하는 것은 영원히 존재하는 것(everlasting)보다 약한 의미라고 하는 주장은 손톱만큼의 설득력도 없다. 명사 aiŏn은

못한 자의 영원한 형벌을 같이 묘사하는 데 사용되고 있다. 후자는 전자와 같이 영원하다. 악인을 향한 영원한 형벌의 가르침은 결코 그리스도의 말씀에 국한되지 않는다. 예를 들자면, 사도 바울도 "우리 주 예수의 복음에 복종치 않는 자들에게 형벌을 주시리니 이런 자들이 주의 얼굴과 그 힘의 영광을 떠나 영원한 멸망의 형벌을 받으리로다."(살후 1:8-9)고 했다. 사랑의 사도는 그의 복음서에서 세례 요한의 결정적인 말을 기록하기를 "아들을 믿는 자는 영생이 있고 아들에게 순종치 아니하는 자는 영생을 보지 못하고 도리어 하나님의 진노가 그 위에 머물러 있느니라." (요 3:36)고 했다. 계시록에서는 단언하기를 짐승과 그 우상을 경배한 자들의 고통의 연기가 "세세토록 올라가리로다"(계 14:11)고 했다.

성경의 본문들 가운데는 정말로 보편주의자들이 좋아할 만한 궁극적 만인구원설을 지지하는 듯한 구절들이 있다. 그러나 이 구절들은 그 직접적인 문맥과 정규성경의 교리체계로부터 분립될 때에만 비로소 그것을 지지하는 것으로 보여 질 수 있다. 이 구절들 가운데

자주 끝없는 시대를 나타내며, 그 형용사는 신약성경에서 다음의 세 가지 의미에서만 나타난다. '시작이나 끝이 없는', '시작이 없는', '끝이 없는'의 세 가지이다. 첫 번째 의미로서는 로마서 16장 26절에서 하나님을 서술할 때 사용되었다. 두 번째 의미로서는 하나님 자신의 소명을 언급할 때 사용되었는데 예컨대 '영원한 때 전부터'(pro chronōn aiōniōn, from eternity)라고 한 바울의 소명을 말할 때 사용된 것이다(딤후 1:9). 마태복음 25:41, 46에서는 단지 세 번째 의미인 '끝없는, 종식되지 않는, 영원한'의 의미로 사용되었다. 키텔 신학사전은 aiōnios 이 마태복음 25:46에서도 "형벌"을 묘사할 때 사용되었을 뿐 아니라, "불"(마 18:8; 25:41; 유1:7), 그리고 "끝이 없는 형벌"의 뜻으로서 "멸망"(살후 1:9)을 말할 때 사용되었다고 주장한다.

보편주의자들이 선호하는 몇 가지를 살펴보자.

에베소서 1장 10절은 하나님의 목적은 "다 함께 하나가 되게 하려는 것"이라고 한 바, 이는 조화로운 통일체로서 "그리스도 안에서 모든 것"이니 곧 하늘에 있는 것이나 땅에 있는 것이라고 했다. 골로새서 1장 19절과 20절에서는 단언하기를 "그의 십자가 피로서 화평을 이루사 … 땅에 있는 것들이나 하늘에 있는 것들이 그로 말미암아 자기와 화목케 되기를 "하나님이 기뻐하셨다고 했다. 이에 대해 찰스 하지(Charles Hodge)는 언급하기를

> 문제는 하나님과 화목케 된 자가 누구이며 모든 것은 과연 무엇이냐는 데 있다. 이 문제는 여기에서 언급한 모든 것들의 본질과 성경의 비유를 참조하는데서 그 해답을 얻어야만 한다. '모든 것'은 절대적으로 온 우주를 뜻할 수가 없으니 우주라고 하면 태양, 달, 별 등 모든 삼라만상을 다 포함하는 데 이럴 경우 이런 자연들은 하나님과 화목케 될 대상으로 적합하지 않다. 같은 이유로 이성이 없는 모든 감각 있는 피조물들도 마찬가지이다. 그것은 또한 모든 이성적 피조물을 다 포함할 수가 없으니 곧 거룩한 천사는 해당되지 않는다. 왜냐하면 그들에겐 화목이 필요 없기 때문이다. 그것은 또한 모든 이성 있는 타락한 천사도 해당이 되지 않으니, 히브리서 2장 16절에서 명백하게 가르치기를 그리스도는 타락한 천사를 구속하기 위해서 오신 것이 아니라고 했기 때문이다. 세상 모든 사람을 의미할 수도 없다. 왜냐하면 다른 성경에서 모든 사람이 다 하나님과 화목할 수 있는 것은 아니라고 가르치기 때문이다. 따라서 성경은 스스로 모순 될 수가 없다. 그것은 하나님이 자기 스스로를 모순 되게 하는 것이기 때문이다. 여기에서 '모든 것'은 문맥에서 따져보아야 할 것이니 곧 하나님 백성만이 구속의 대상이 되는 것을 말한다.[7]

---

7) *Systematic Theology*, London and Edinburgh, 1878, III, 871.

사실 위의 두 구절에서 사도는 틀림없이 그리스도 교회의 지체를 다루고 있다. 하지만 이 견해는 반대에 부딪치게 되며 하지의 해석학적 증언은 중성 단어인 '모든 것'에 대해서 적절하게 다루지 못했다는 지적을 받는다.

그러나 주의 깊게 살펴보면 이 구절들이 만인의 궁극적 구원을 가르치는 것이 아님을 알 수 있다. 이 본문은 우리에게 만물(universe)이 하나님과 화목하게 될 것을 말해주고 있으나 그것이 우주(universe)에 있는 이성적 피조물 모두가 하나님과 화목하게 될 것을 의미하지는 않는다. 성경이 타락한 천사와 모든 죄지은 인간들이 하나님과 화목하지 않음을 가르친다는 하지의 주장이 옳다. 그뿐 아니라 하나님의 말씀처럼 우주 만물이 하나님과 화목함은 하나님의 원수들을 확실히 추방함으로써 효력을 발생한다. 마이어(Meyer)는 성경과 일치되는 다음과 같은 진술을 하였다.

> 그리스도의 재림(Parousia)을 통해 그리스도 안에서 성취될 만물의 화목은 그 절정에 도달하게 되고 불신앙 영역의 인류는 신앙 영역에서부터 갈라져 게헨나로 할당되어질 것이다. 그때에 중생(Palingenesia)한 전체 피조계는 원래의 완전한 상태로 변하여 새 하늘과 새 땅이 하나님 자녀들의 영광스런 동산이 될 것이며 새 하늘과 새 땅은 의로운 장막이 될 것이다. 그럴 때에 천사계의 마귀 그룹은 새로운 세계로부터 분리되어 지옥에 던져질 것이다. 따라서 모든 피조계에서는 하나님으로부터 소외되거나 그의 원수가 되는 것이 더 이상 없으며 '모든 것'은 하나님과 화목하게 된다. 그리고 하나님 자신은 그리스도가 그에게 왕권을 귀속함으로서 유일한 통치자요 모든 것 안에 모든 것이 되실 것이다.[8]

---

8) Meyer의 *Commentary on the New Testament*, New York and London, 1885,

로마서 5장 18절과 고린도전서 15장 22절은 흔히 병행구절로 간주된다. 앞의 구절이 그리스도를 통한 칭의를 말하고 뒤의 구절이 그리스도와 함께 하는 몸의 부활을 의미한다면 타당하다. 하지만 이 두 구절은 어떤 면에서는 보편주의를 말하는 것으로 비춰진다. 예컨대 로마서 5장 18절은 "그런즉 한 범죄로 많은 사람이 정죄에 이른 것 같이 하나의 의로운 행동으로 말미암아 많은 사람이 의롭다 하심을 받아 생명에 이르렀느니라."고 진술하고 있다. 고린도전서 15장 22절은 "아담 안에서 모든 사람이 죽은 것같이 그리스도 안에서 모든 사람이 삶을 얻으리라."고 선언하고 있다. 이 두 구절에서 '모든'이라는 말의 의미는 문맥에서 얼마나 명확하게 규정되고 있는가?

고린도서의 문맥을 살펴보면 "그리스도 안에서 모든 사람이 삶을 얻으리라."고 말한 바로 다음에 바울은 "그러나 각각 자기 차례대로 되리니 먼저는 첫 열매인 그리스도요 다음에는 그리스도 강림하신 때에 그에게 붙은 자요."(고전 15:23)라고 연결하고 있다. 이 문맥에서 '모든'은 명백하게도 모든 인류가 아니고 그리스도의 사람들을 말하는 것이다. 이와 같은 방식으로 따져보면 로마서의 '모든'이란 말 역시 그리스도 안에 있는 모든 사람을 가리키며 이는 아담 안에 있는 모든 사람과는 대조된다. 그리고 이 대조는 믿는 자들만이 그리스도 안에 있는 사람임을 말하지 않는다. 하지만 그리스도 안의 모든 사람이 오직 믿는 자들이라는 사실은 모든 바울서신과 성경

---

on Col. 1:20.

전체의 논박할 수 없는 가르침이다. 고뎃(F. L. Godet)은 고린도전서 15장 22절의 '모든'에 대하여 말하기를

> 거의 대부분의 주석 (어거스틴, 벵겔, 뤼케르트, 호프만, 홀스텐, 비트, 에드워드) 들은 성경에서 스스로 밝힌 믿음의 조건을 이해해야만 한다. 예컨대 '아담 안에서 모든 사람이 죽은 것 같이 그리스도 안에서 모든 사람(신자들)이 다 삶을 얻으리라.' 라는 말씀이 그것이다. 첫째 구절의 절대적인 의미를 생각하면 둘째 구절에서 '모든'의 의미는 언뜻 보기에 그 의미가 임의적으로 제한된 것처럼 보인다. 그러나 만일 '삶을 얻으리라'[9]는 말을 '일으킴을 얻으리라'[10]는 것보다 제한적이라고 말한 호프만(Hoffman)의 견해를 참작한다면 우리는 이 해석을 용인할 수가 있다. 왜냐하면 이 두 번째 용어는 일반적으로 부활하게 될 모든 사람에게 적용하며 심지어 멸망하게 될 사람에게도 적용되는 반면, 첫째 용어는 완전한 생명의 은사를 받은 자에게만 적용되는 것이다(롬 8:11). 따라서 이 주제의 제한은 자연적으로 동사 자체의 특별한 의미로부터 진행이 된다. '이 두 가지의 모든 것(alls)은 그들에게만 두 가지 능력을 각각 실현하게 될 사람들을 내포한다.' 더욱이 이 구절에서(고전 15:22) 그리스도가 결코 부활한 자들 가운데 저주받을 자들의 첫 열매로 간주되지 않고 23절에서는 20절에서 시작한 의미의 발전을 계속하고 있으니 명백하게 오직 믿는 자들만을 말하고 있다는 사실을 명심해야만 한다.[11]

그리고 윌리엄 쉐드(William G. T. Shedd)는 로마서 5장 18절의 "모든 사람"을 17절 "은혜와 의의 선물을 넘치게 받는 자들"과 일치시키고 있다. 쉐드는 말하기를 "이 구절에서 '모든 사람'의 의미는 반드시 문맥에 의해 결정해야 한다. 로마서 11장 32절과 고린도

---

9) 'Zōopoieisthai'
10) 'Egeiresthai'.
11) ***Commentary on Corinthians***, Edinburgh, 1887, II, 353f.

전서 15장 22절을 비교해보라. 그리스도 속죄의 효험은 믿음 그 이상으로 확대될 수가 없다. 믿음이 보편적이지 않기 때문이다."12) 라고 강조하고 있다.

이밖에 소위 보편주의적 성경 구절들은 알미니안주의 관점에서 고찰된다. 찰스 하지 결론의 정당성은 앞에서 충분히 거론 되었다. 역사적 기독교회들이 하나같이 회개치 않는 영혼에게 끝없는 형벌이 임할 것이라고 가르치는 이유는 성경이 그렇게 말하기 때문이다. 이러한 교회의 실제적 만장일치를 "교회 안에서 일어나는 어떤 철학적인 사색의 덕택으로 돌리는 것은 적절하지 못하다."고 찰스 하지는 올바르게 지적했다. 그는 계속해서 말하기를 "하물며 이러한 일반적 일치를 설명하기 위해 이 교리가 인간의 심성과 같은 성질이라고 말하는 것은 더욱 부적절한 것이며 … 그 반대도 역시 적절치 않다. 인간의 자연적 심성은 항상 성경 교훈으로부터 벗어나고 대항하며 오직 엄격한 권위의 통제 하에서만 복종하는 성질이 있다."고 했다.

그는 덧붙여 말하기를 "교회가 문제의 그 교리(영원한 형벌)를 당연한 것으로 받아들이는 것은 교회의 외적 권위 때문이라고 설명하는 것도 합당치 못하다. 왜냐하면 그것은 외형적 교회가 성도에게 무엇을 믿어야 할지를 명령할 권한이 자신들에게 있다고 사칭(詐稱)하기 이전부터 이미 보편적으로 인정된 사실이기 때문이다. 그리고

---

12) ***Doctrinal Commentary upon the Epistle of St. Paul to the Romans***, New York, 1879, *loc. cit.*

또한 외형적 교회의 권위가 철저히 거부되고 오직 성경만이 신앙과 행위의 유일무이한 법칙으로 선포되었던 종교개혁 때도 여전히 이 교리는 진리로 받아들여졌기 때문이다."고 했다.

하지는 "교회가 이 교리를 믿는 까닭은 이것을 반드시 믿어야 하기 때문이며 그렇지 않을 경우 성경의 신앙을 거부하게 되고 더 나아가 성경이 약속한 모든 성도의 소망을 포기하는 것이 되기 때문이다."13)라고 결론 맺는다. 그리고 궁극적으로 모든 사람들이 구원받는다는 보편주의 견해에 대해 언급하면서 벤자민 워필드(Benjamin B. Warfield)는 "성경은 너무나도 명확하기 때문에 이와 반대로 제멋대로의 헛된 꿈을 꾸는 방종을 결코 허용하지 않는다."14)고 날카롭게 지적했다.

하지만 무제한의 보편주의가 다른 보편주의에 비하여 한 가지 독특한 이점이 있음을 인정해야만 한다. 그 유익은 바로 그 자체의 일관성이다. 일반적 보편주의는 그리스도의 속죄가 신적 계획에 있어서 우주적이었으나 그 적용에 있어서는 제한적이었다고 말하는 절충적인 부분이 있다. 이러한 보편주의는 정확히 말하면 일관성이 없는 것이다. 그러나 무제한적인 보편주의의 경우에 그리스도의 속죄는 그 신적 계획에 있어서나 그 성취에 있어서 모두 다 보편적이다. 보편주의에 대하여 무엇을 말하든지 상관없이, 그리고 심한 비

---

13) *Systematic Theology*, III, 870f.
14) *The Plan of Salvation*, Wm, B. Eerdmans Publishing Co., Grand Rapids, 1935, p. 94.

판에 무방비하게 열려있음에도 불구하고, 무제한의 보편주의는 그 일관성 덕택에 하나님을 영화롭게 하는 위치에 있다. 곧 하나님의 주권을 웅장하게 선포하는 말씀을 끝까지 붙듦으로서 그렇게 한다. "나의 모략이 설 것이니 내가 나의 모든 기뻐하는 것을 이루리라."(이사야 46:10)는 말씀과 "땅의 모든 거민을 없는 것 같이 여기시며 하늘의 군사에게든지 땅의 거민에게든지 그는 자기 뜻대로 행하시나니 누가 그의 손을 금하든지 혹시 이르기를 네가 무엇을 하느냐 할 자가 없도다."(단 4:35)는 말씀을 굳게 붙드는 것이다.

모든 철저한 보편주의자들은 실제적으로 이 성경 말씀이 신적 주권을 가르치는 것으로 받아들여 자신들의 보편주의를 지지하는 것으로 주장하고 있다. 하지만 다른 사람은 그것을 지지하지 않는다는 데 문제가 있다. 어쨌든 무제한의 보편주의는 일관성을 지닌다. 이런 측면에서 하나님께서 그의 목적을 이루시는데 실패했다고 주장하는 일관성 없는 일반적 보편주의는 엄청난 오류를 지니고 있다고 할 수 있다.

제2장
알미니안주의 보편구원론

개신교에 만연한 알미니안주의
알미니안주의와 우주적 성격의 성경 본문들
알미니안주의와 성경적 교리 체계

제2장 알미니안주의 보편구원론

개신교에 만연한 알미니안주의

소위 복음주의자와 근본주의자 세계에 만연되어 있는 사상은 신적 계획에 따른 속죄 사역이 우주적이고 보편적이지만 그 실제 성취는 '제한적'이라는 것이다. 하나님 아버지와 주 예수 그리스도 그리고 성령께서는 구세주의 죽음을 통한 모든 인간구원을 목적했지만 결과적으로 모든 인류가 다 구원받지는 못한다는 것이다. 속죄사역에 관한 계획과 성취 사이의 불일치 때문에 모든 인간은 하나님의 충분한 은혜로 믿을 수 있는 능력이 생겼음에도 불구하고 속죄의 유익을 거절한다는 것이다.

속죄의 계획에 대한 이러한 견해는 일반적으로 알미니안주의자들에게 널리 퍼져 있다. 왜냐하면 17세기 초반 라이덴 대학의 야고보스 알미니우스가 이러한 견해를 교훈했기 때문이다. 당시에는 알미니안주의 5대 교리나 칼빈주의 5대 교리가 일반적으로 알려져 있지 않았다. 실상 칼빈주의 5대 교리는 알미니안주의 5대 교리를 반대하기 위해 나온 교리이다. 알미니우스 사망 이듬해인 1610년, 그의 견해를 추종한 일단의 무리들이 네덜란드 정부에 제출하는 항의서를 작성했다. '알미니안주의 5대 교리'라고 일컬어지는 이 문서의 긍정적인 부분은 다음과 같다.

요한복음 3장 16절 즉 "하나님이 세상을 이처럼 사랑하사 독생자를 주셨으니 누구든지 저를 믿는 자마다 멸망치 않고 영생을 얻게 하려 하심이니라."는 말씀과 요한일서 2장 2절 즉 "저는 우리 죄를 위한 화목제물이니 우리만 위할 뿐 아니요 온 세상 죄를 위하심이라."는 말씀에 의거해서 "세상의 구주이신 예수 그리스도께서 십자가의 죽음으로 죄의 사면과 구속을 성취하기 위하여 모든 인간을 위해 돌아가셨다. 그럼에도 불구하고 신자 이외에 그 누구도 이 사면의 은총을 누리지는 못한다."고 기술하고 있다.[15]

알미니안주의는 감리교와 같은 공공연한 알미니안주의 교회뿐만 아니라 여러 개신교회와 신학자들에 의해 적극적으로 받아들여졌다. 많은 루터파 교회들이 엄밀하고도 배타적인 어거스틴주의와 칼빈주의에 대한 안식처로 알미니안주의를 환영했다. 왕정복고시대에 성공회 내의 광교회 즉 자유주의 교회들 역시 알미니안주의자들이었다. 18세기에 알미니안주의는 영국의 유명한 신학자이자 저작가인 틸롯슨(Tillotson), 테일러(Jeremy Taylor), 칠링워스

---
15) Article II.

(Chillingworth), 휘트비(Whitby), 존 테일러(John Taylor), 그리고 사무엘 클락(Samuel Clarke)에 의해 유지되었다.

알미니안주의가 미국의 기독교 사상에 영향을 주었다는 것은 전혀 과장된 말이 아니다. 심지어 보수적이라고 알려져 왔던 루터파의 미주리 노회 역시 속죄 계획에 대한 입장에서는 본질적으로 알미니안주의이다. 벡위드(C. A. Beckwith)는 "현재의 신학교들은 전통적으로 칼빈주의자였던 젊은이들을 알미니안주의자로 교육시키고 있으며 철저하게 정통 교리를 준수하는 교회들이 알미니안주의를 표방하는 목사들을 받아들이고 있다는 사실에 책임을 져야 할 것이다."16)라고 말했다.

명백한 침례교도인 윌리엄 오웬 카버(William Owen Carver) 역시 국제표준성경사전 안에 있는 "Atonement"라는 항목에 쓴 다음과 같은 진술을 볼 때 알미니안주의에 홀린 인물이다.

> 신학자들이 해결하지 못하고 고생했던 또 다른 문제는 속죄의 범위(extent of the atonement)에 관한 것이다. 그것이 모든 사람을 위한 것이냐 아니면 선택받은 특별한 일부를 위한 것이냐는 문제이다. 우리는 이제 이러한 논쟁에서 벗어날 수 있다. 성경을 읽는다면 하나님께서 오직 인류의 일부분에게만 호의적인 분이라 가정하는 것은 가능하지 않기 때문이다. 지금까지는 성경 구절들이 모두 이러한 견해를 지지하기 위해 동원되었다. 그러나 이제는 그것들이 화목제물이신 그리스도를 통해 모든 세상의 죄를 위하신 하나님의 점진적이며 자증적인 해석으로 대치되고 있다(요일 2:2). 그 누구도 그리스도를

---

16) *The New Schaff-Herzog Encyclopedia of Religious Knowledge*, New York and London, 1908, article "Arminius."

통하지 않고서는 아버지께로 올 자가 없다(요 4:6). 그러나 누구든지
주의 이름을 부르는 자는 구원을 받을 것이다(욜 2:32, 행 2:21).

이제 이러한 역사적 정황은 알미니안주의에 입각한 속죄의 계획을 심각하고도 진지하게 고찰할 것을 요구한다.

알미니안주의와 우주적 성격의 성경 본문들

복음주의자들로 알려져 있는 일련의 알미니안주의자들은 성경을 진지하게 연구하며 주장한다. 이러한 주장의 신빙성에 대해 논쟁하는 것은 쉽지 않아 보인다. 그들은 자신들을 "성경을 믿고 성경을 사랑하는 그리스도인"으로 내세운다. 그러나 분명하게도 그들의 성경 이해는 철저하지도 정확하지도 않다. 그들이 자신의 견해를 뒷받침하기 위해 버릇처럼 읊고 다니는 성경 본문의 구절들을 면밀하고도 주의 깊게 고찰할 필요가 있다.

알미니안주의는 하나님께서 속죄사역을 통하여 모든 인류의 구원을 계획하셨지만 전부 다 구원받는 것은 아니라고 가르친다. 이 부분의 교훈은 성경과 직접적인 관련이 있다. 이점에 있어서 알미니안주의 보편구원론은 철저한 보편구원론과 모순되며 배타적 칼빈주의와 일치한다. 제한이 없는 보편구원론은 결국 모든 사람이 구원받는다고 가르치는 반면, 알미니안주의와 칼빈주의는 모든 사람이 다 구원받는 것은 아니라고 가르친다. 그들은 또한 누가 구원받을 것인가 라는 질문에서도 답이 일치한다. 그들 즉 오직 주 예수 그리

스도를 믿는 그들만이 구원받는다고 대답한다. 이러한 교훈은 철저하게 성경적이다. 성경은 다음과 같이 명백하고도 분명하게 선포한다. "아들을 믿는 자는 영생이 있고 아들에게 순종치 아니하는 자는 영생을 보지 못하고 도리어 하나님의 진노가 그 위에 머물고 있느니라"(요 3:36). 칼빈주의자와 알미니안주의자 모두 오직 믿는 신자들만이 성문을 통하여 하나님의 나라에 들어갈 것이라고 주장하며 성경이 그것을 지시한다고 교훈한다.[17]

그렇다면 하나님께서 속죄사역을 위해 모든 개인을 구원하기로 계획하셨다는 구호는 어떠한가? 이 질문에서 알미니안주의와 칼빈주의는 극명하게 구분된다. 이것 역시 성경이 명백하게 교훈하는 진리인가? 알미니안주의는 이 질문에 대답함에 있어 칼빈주의와 완전히 구별된다. 물론 성경에는 속죄사역이 보편적이며 우주적인 의도를 띠고 있음을 지지하는 많은 구절들이 있다. 그것들은 보통 "보편적 구절"들이라 불린다. 알미니안주의자들은 이 구절들에서 하나님이 그리스도의 죽음을 통하여 모든 개인을 구원하기로 계획하셨음을 드러낸다고 지적한다.

그러나 칼빈주의는 그런 계획은 없다고 가르친다. 성경의 몇몇

---

[17] 이러한 주장이 유아들의 구원에 대한 그 어떤 여지도 주지 않는다고 생각해서는 안된다. "내가 진실로 진실로 네게 이르노니 사람이 거듭나지 아니하면 하나님의 나라를 볼 수 없느니라(요 3:3)." 예수님의 철저하고도 포괄적인 진술은 성인들뿐만 아니라 유아들에게도 해당되는 말이다. 구원하는 믿음의 씨앗이 인간의 마음에 새겨지는 것은 중생으로 인한 것이다. 중생한 유아들은 확실하게도 적극적이고 능동적인 믿음을 발동하지는 못하지만 믿음의 체형을 소유할 수는 있다.

구절들은 하나님께서 구속의 계획을 제한하셨다고 분명하게 선언한다. 예를 들면 성경은 그리스도께서 자신의 생명을 그의 백성, 그의 양떼, 그의 교회 그리고 그의 택자들을 위해 주셨다고 말한다. 나는 이러한 구절들을 "성경적 배타주의(scriptural particularism)"라는 제하로 하나씩 살펴볼 것이다. 그러나 정확 무오한 해석자로서의 성경이 칼빈주의자로 하여금 보편적 구원론을 지지하는 듯한 구절들에 대해 알미니안주의자들과는 다른 해석을 강권하고 있는 것이다. 이와 동시에 칼빈주의자는 신학이란 편견 없는 거룩하신 하나님 말씀의 해석이며 편견으로 가득한 도그마 때문에 성경 진리를 왜곡해서는 안된다고 주장한다.

모든 보편구원론적 구절들이 다 동일한 의미를 가지고 있지는 않다. 이는 이 구절 모두에게 적용되는 단 한가지의 해석만 존재하지는 않는다는 것이다. 우리는 이 구절에 대한 해석을 몇 가지로 구분할 수 있다.

(1) 우선 속죄사역이 "모두"와 "세상"을 위한 것 또는 "모든 사람들"을 위한 것이라는 몇몇 구절들에 나타나는 단어들은 본문의 정황 속에서 해석하고 한정되어야만 한다. 일반적인 어법에 의하면 이 단어들이 항상 절대적 의미로 사용되지 않으며 성경의 문맥 속에서도 그런 의미로 사용되지 않았음을 알 수 있다. 이해를 돕기 위해 넬슨 경(Lord Nelson)이 오랜 전에 말한 내용을 그 예로 들 수 있다. "영국은 이 시점에서 모든 사람들이 자신의 의무를 다할 것을 기대하고 있습니다." 그는 명백하게도 세상 사람들 모두를 말하지

않았으며 모든 영국 사람들이라고 말하지도 않았다. 그가 말한 의도는 트라팔가 전쟁에 참여하고자 하는 모든 영국 사람들에 관한 내용이었다. 예수님께서 "또 너희가 내 이름을 위하여 모든 사람들에게 미움을 받을 것이나"(마 10:22)라고 예언하셨을 때 그 의미는 제자들이 세상에 있는 모든 개인들로부터 미움을 받는다는 뜻이 아니라 세속적인 사람들 즉, 세상 사람 다수가 그들을 미워할 것이라는 의미였다.

바울이 "내가 처음부터 내 민족 중에 와 예루살렘에서 젊었을 때 생활한 상황을 유대인이 다 아는 바라"(행 26:4)고 말할 때 세상에 있는 유대인 중에 이 사실을 모르는 이가 아무도 없다는 것을 의미하는 말이 아니다. 나사로를 부활시킨 예수님의 명성에 대해 바리새인들이 "서로 말하되 볼지어다. 너희 하는 일이 쓸데없다. 보라 온 세상이 저를 좇는도다."(요 12:19)라고 말했다. 본문의 "세상" 역시 명백하게도 제한적인 의미로 사용되었음이 분명하다. 이러한 해석의 방식은 보편구원론을 지지하는 듯한 많은 구절들에 동일하게 적용된다. 다음과 같은 몇 가지 실례를 들 수 있다.

히브리서 2장 9절에 보면 하나님께서 그리스도를 "하나님의 은혜로 말미암아 모든 사람을 위하여 죽음을 맛보려 하심이라"고 기록했다. 여기 기록되어 있는 "모든 사람"은 정확히 무엇을 의미하는가? 히브리서에 관한 기념비적인 대작을 남긴 존 오웬(John Owen)은 다음과 같이 말한다.

> '모든 사람'은 모든 사람 즉, 복수를 위한 단수를 뜻한다. 말하자면 10절에 있는 바와 같이 그의 죽음으로 말미암아 영광 가운데로 이끄실 많은 아들들을 의미한다. 또한 11절과 12절에 있는 바와 같이 거룩하게 하심을 통해 거룩해진 자 그리고 그가 형제라 부르시는 자를 의미한다. 13절에 보면 하나님께서 내게 주신 자녀들이다. 14절과 15절에 보면 사망과 죽음의 공포와 두려움으로부터 해방 받은 자를 의미한다. 16절에 보면 이 말은 오직 아브라함의 자손들을 가리킨다.[18]

그로쉬이데(F. W. Grosheide) 역시 "모든 사람"의 의미를 문맥의 정황에 한정해서 해석할 것을 지지한다. 그는 역작 『신약해석학』에서 이를 잘 설명하고 있다.

> '모든 사람'은 아무런 구분 없이 예수 죽음의 열매로 맺혀질 모든 사람을 의미하지 않는다. 이것을 보편구원론으로 간주한다면 이는 이어지는 10절의 '많은 아들들'과 16절의 '아브라함의 씨'와 17절의 '백성'이란 단어와 모순된다. '모든 사람'이란 배경에 위치하여 이어지는 구절을 설명하기 위한 일반적인 용어이다.[19]

"모든"이란 의미가 문맥에 의해 한정되는 또 다른 구절은 고린도후서 5장 14절이다. "그리스도의 사랑이 우리를 강권하시는도다. 우리가 생각건대 한 사람이 모든 사람을 대신하여 죽은 것은 모든 사람이 죽은 것이라" 본 절과 이어지는 다음 구절을 본문으로 설교하면서 위대한 신약학자인 그레샴 메이첸(J. Gresham Machen)은 바울이 말하는 "모든"의 의미가 무엇이냐고 물으면서 다음과 같이

---

18) *The Works of John Owen*, Philadelphia, 1869, XII, loc. cit.
19) *Kommentaar op het Nieuwe Testament*, Amsterdam, 1927, XII, loc. cit.

답하고 있다.

> 나는 개혁주의 신앙을 반대하는 다른 교회에 속한 기독교 형제들이 이 구절에 있는 '모든'이란 단어를 '모든 개인'으로 해석하고 싶어 한다고 생각한다. 그들은 아마도 '그리스도인이든 아니든 관계없이 그리스도께서 모든 사람을 위하여 돌아가셨다' 라고 생각할 것이다. 그러나 그들이 이 말씀을 그렇게 해석하도록 유혹받는다면 그러한 유혹을 단호히 거절해야 한다. 왜냐하면 이 본문 말씀을 그런 견해를 지지하는 것으로 해석한다면 이 구절은 대단히 위험한 구절이 될 것이기 때문이다.

무엇보다도 먼저 이 본문의 정황은 이러한 견해를 단호히 배격한다. 바울은 이 구절들을 통해 그리스도와 모든 사람과의 관계를 말하는 것이 아니라 그리스도와 교회와의 관계를 말하고 있다.

'그리스도께서 모든 이를 위해 돌아가셨다'는 것이 '그리스도께서 세상 사람 전부를 위해 돌아가셨다'로 해석하는 것은 과도한 주장이다. 바울이 이 본문에서 말하는 그리스도께서 구속하고자 한 대상은 단순히 복음을 제공받은 자들과는 다르다. 오직 그들 영혼의 구원을 위한 복음을 영접하고 받아들여야만 합당하다. 이 바울의 말은 그리스도께서 십자가에서 돌아가셨을 때 복음을 거부하고 복음의 말씀을 전혀 들어보지 않은 자들도 함께 죽었다는 의미인가? 모든 사람이 이제 자신을 위해 살지 않고 그들을 위해 죽으신 그리스도를 위해 산다는 말인가? 확실하게도 이러한 의미로 '모든 사람'이란 단어를 사용할 수는 없다. 따라서 '모든'이란 단어는 '모든 사람'을 의미하지

않는다.20)

요한복음 3장 16절은 다음과 같다. "하나님이 세상을 이처럼 사랑하사 독생자를 주셨으니 이는 저를 믿는 자마다 멸망치 않고 영생을 얻게 하려 하심이니라" 이 구절에 대해서 워필드(Warfield)의 설교보다 더 훌륭하고 만족스런 해석은 없다. 워필드는 "세상"이라는 단어를 양적으로 해석하는 그 어떤 시도도 배격하며 질적인 해석을 강조한다. 요한복음 3장16절은 하나님께서 죄 지은 인류를 사랑하신다고 말한다. 요한은 본문에서 "죄인들을 사랑하시는 하나님 사랑의 위대함을 측량하는 방법"에 대해 말하고 있다.

워필드는 다음과 같이 말한다. 이 구절은 "넓고 광대한 세상에 다 미치는 위대함을 말하고 있는 것이 아니라 거룩하신 하나님의 죄에 대한 증오와 혐오를 뛰어 넘는 위대함을 말하고 있는 것이다."21) 특별히 워필드는 본문에서 세상에 있는 모든 개인들을 지칭하는 것으로서의 "세상"에 대한 해석을 배격하고 있다. 그는 계속해서 다음과 같이 말한다. "우리가 지금 다루고 있는 '세상'이라는 용어를 세상에 있는 '각각의 개인'으로 적용한다면 그것은 하나님 사랑의 위대함보다 세상의 위대함에 더 주의를 기울이게 만드는 명백한 실수이다."22)

---

20) ***God Transcendent and Other Sermons***, edited by N. B. Stonehouse, Grand Rapids, 1949, pp. 134f.
21) ***The Saviour of the World,*** Hodder and Stoughton, London, New York, Toronto, 1913, p. 120.
22) Ibid., p. 108.

(2) 보편구원론을 지지하는 듯한 모든 구절들은 실상 그리스도께서 세상의 모든 사람들을 위해 죽으셨다는 것을 교훈한다. 대신 그 구원이 유대인뿐만 아니라 이방인들도 포함한다는 걸 가르쳐준다. 이것은 신약 성경에서 너무나도 뚜렷하게 드러나는 진리이다. 주후 1세기의 기독교시대를 살아갔던 유대인들이 이 진리에 대해 가졌던 거부감을 20세기를 살아가는 우리들이 이해하기는 대단히 어려운 일이다. 이는 당대 유대인들에게 대단히 급진적인 견해라고 여겨졌다. 확실하고도 분명하게 하나님께서는 야곱에게 당신의 말씀을 보여주셨고 그의 위상과 판단을 이스라엘에게 맡겼으며 다른 나라를 상대하신 적이 없다(시 147:19f).

따라서 유대인과 이방인을 구분 짓는 막힌 담이 허물어지고 먼데 있는 자들과 가까운데 있는 자들에게 평안을 전하셨다는, 유대인과 이방인 모두에게 구원이 임한다는 이러한 사상은 유대인들의 정신에 심각하게 위배되는 개념이다(엡 2:14, 17). 구약이 명백하게 교훈하고 우리들도 계시를 통해 깨닫고 있는, 민족적이며 국가적인 교회를 통해 전 우주적 교회가 탄생될 것이라는 진리에 당시의 유대인들은 철저하게 무지했던 것이다.[23] 주님께서는 여러 경우에 제자들에게 그의 증인이 되어 온 천하에 복음을 전파하라고 누차 명령했음에도 불구하고[24] 로마인들에게 복음을 전하도록 사도 베드로를 확신시키기 위한 하늘로부터의 계시와 음성이 필요했다.[25] 따라서

---

[23] E.g., 창 12:3; 시 72:8-10; 시 86:9; 시 87; 단 2:44.
[24] E.g., 마 28:18-20; 눅 24:46-48; 행 1:8.

신약시대 우주적 보편론의 국면이 그들에게 충격이었음은 의심의 여지가 없다.

요한복음 12장 32절은 이러한 종류의 보편론에 대한 가장 흥미롭고 명백한 실례를 제시한다. 주님께서는 "내가 땅에서 들리면 모든 사람을 내게로 이끌겠노라 하시니"라고 말씀하셨다. 이어지는 다음 구절은 예수님께서 이 말씀을 하신 이유를 설명하는데 그것은 임박한 예수님의 죽음과 십자가에 관한 것이다. 그렇다면 주님께서는 십자가에 못 박힌 자로서 세상에 있는 모든 사람들을 다 자기에게로 이끌고 와서 구원하시겠다는 말인가? 이 구절의 문맥적 정황은 매우 다른 해석을 지지한다. 예수님께서는 예루살렘에 계셨다. 유월절 축제가 벌어지고 있었고 "명절에 예배하러 올라온 사람 중에 헬라인 몇이" 있었다(요 12:20). 이 헬라인들은 이방인들이었다.26)

그들은 갈릴리에 있었던 벳세다의 빌립에게 "선생이여 우리가 예수를 뵈옵고자 하나이다."라고 청했다(요 12:21). 빌립과 안드레는 이 청을 예수님께 전달했고 예수님은 매우 기뻐하셨다. 그는 이방인 구원의 영광을 보고 계셨으며 이 일을 실현하기 위해서는 당신의 십자가 죽음이 전제되어야 할 것임을 잘 알고 계셨다. 예수님은 당신을 십자가에 못 박히실 분으로, 세상의 구주로 보셨다. 따라서 주님은 다음과 같이 말씀하신다.

---

25) 행 10장.
26) *Meyer's Commentary on the New Testament*, loc. cit를 보라.

예수께서 대답하여 가라사대, 인자의 영광을 얻을 때가 왔도다. 내가 진실로 너희에게 이르노니 한 알의 밀이 땅에 떨어져 죽지 아니하면 한 알 그대로 있고 죽으면 많은 열매를 맺느니라. 자기 생명을 사랑하는 자는 잃어버릴 것이요 이 세상에서 자기 생명을 미워하는 자는 영생토록 보존하리라. 사람이 나를 섬기려면 나를 따르라 나 있는 곳에 나를 섬기는 자도 거기 있으리니 사람이 나를 섬기면 내 아버지께서 저를 귀히 여기시리라. 지금 내 마음이 민망하니 무슨 말을 하리요 아버지여 나를 구원하여 이때를 면하게 하여 주옵소서. 그러나 내가 이를 위하여 이때에 왔나이다. 아버지여 아버지의 이름을 영광스럽게 하옵소서 하시니 이에 하늘에서 소리가 있어 가로되 내가 이미 영광스럽게 하였고 또 다시 영광스럽게 하리라 하신다(요 12:23-28).

이제 예수님은 주목하고 있는 자들을 돌아보시며 계속해서 다음과 같이 말씀하신다. "이제 이 세상의 심판이 이르렀으니 이 세상 임금이 쫓겨나리라 내가 땅에서 들리면 모든 사람을 내게로 이끌겠노라"(요 12:31-32). 그 결과로서 예수님은 다음과 같이 선포하신다. "십자가에서의 나의 죽음은 한편으로는 사탄의 패배에 대적하시는 하나님의 심판을 의미하며 다른 한편으로는 유대인뿐만 아니라 이방인들까지 포함하는 전 인류에게 확장되는 나의 통치로 사탄을 패퇴시킴을 의미하게 될 것이다."

잘 알려진 사마리아 여인의 이야기에는 예수님 말씀을 들은 사마리아 여인의 증언을 통해 많은 사마리아 사람들이 그리스도를 믿었다고 기록하고 있다. 그러나 본문은 거기서 끝나지 않고 다음 말씀으로 이어진다. "예수의 말씀으로 인하여 믿는 자가 더욱 많아지자 그 여자에게 말하되 우리가 믿는 것은 네 말 때문이 아니니 이는 우리가 친히 듣고 그가 참으로 세상의 구주신줄 앎이니라 하였더라"(요 4:41-42). 중대한 것은 이 사마리아인들이 예수님을 "세상의 구주"로 불렀다는 사실이다. 자신들과 유대인 사이의 엄청난 구분과 간격을 잘 알고 있는 사마리아인들의 입술을 통해 이 말이 고백되었다는 것은 예수님이 더 이상 자기 백성인 유대인만의 예수님이 아니요 이방인의 예수님 더 나아가 온 세상의 예수님이 되신다는 것을 의미하는 중대한 고백이다.

신약의 또 다른 구절에서도 예수님은 "세상의 구주"라고 불리셨다. 이러한 표현은 요한의 저작에서도 역시 동일하게 발견된다. 사도 요한은 다음과 같이 선언한다. "아버지가 아들을 세상의 구주로 보내신 것을 우리가 보았고 또 증거 하노니"(요일 4:14) 이 구절들에 나타나는 예수님의 칭호가 주는 의미는 우리가 이제까지 살펴본 의미와 동일한 것이다.

세례 요한 역시 제자들에게 예수님에 대해 말할 때 예수님을 "세상 죄를 지고 가는 하나님의 양"이라고 표현했다(요 1:29). 루터, 벵겔, 올스하우젠 그리고 헹스텐베르그는 요한이 예수님을 "하나님의 양"이라고 부른 것은 유대인의 유월절 양을 염두에 둔 것이라고 말한다. 마이어는 메시아를 도살장으로 끌려가면서도 침묵했던 한 양으로 묘사하고 있는 이사야서 53장 7절이 예언의 성취라고 주장한다. 고뎃은 예수님께서 두 가지 기능 모두를 하신다고 말한다. 그러나 우리가 어떤 의미를 채택하든지 세례 요한이 예수님을 세상 죄를 없이 하려 그 죄를 지고 가는 양이라고 설명한 것은 정말 놀라운 일이 아닐 수 없다. "양"과 "세상"이란 단어의 병치는 대단히 놀라운 것이다.

유월절이 철저하게 이스라엘에게 주어진 축제이며, 이사야서 53장이 말하고 있는 메시아가 특별히 "나의 백성"(이사야 53:8)을 위한 메시아이심을 인정할 때, 우리들은 당연히 세례 요한이 하나님의 어린 양을 가리켜 유대인과 유대 국가의 죄를 없이 하실 하나님의 양이라고 말할 것을 기대했다. 그러나 세례 요한은 그런 개념을 뛰어넘었다. 그는 이 양이 세상의 죄를 지고 가실 하나님의 양이라고 선언한 것이다.

마이어에 의하면 이는 "자기 백성을 향한 속죄 사역의 선포가 이제 모든 인류에게 확장되는 것"이라고 말한다.27) 칼빈은 이에 대해 다음과 같이 평가한다. "세례 요한이 세상의 죄라고 말할 때 이것이 의미하는 바는 하나님의 은총이 아무런 차별이나 구분 없이 모든 인류에게 확장되며 유대인들로 하여금 예수님께서 오직 그들만을 위해 오셨다고 생각하지 못하게 하려는 것이었다."28)

로마서 11장 32절 "하나님이 모든 사람을 순종치 아니하는 가운데 가두어 두심은 모든 사람에게 긍휼을 베풀려 하심이니라"는 말씀 역시 의심의 여지없이 인류를 구성하는 모든 개인을 지칭하는 것이 아니라 유대인과 이방인 모두에게 구원을 베푸신다는 의미다.

---

27) Ibid., loc. cit.
28) *Commentary on the Gospel according to John*, transl. by William Pringle, Edinburgh, 1847, *loc. cit.*

이 말씀의 전체 문맥 역시 확실하게 이런 방향성을 나타낸다. 따라서 "모든"이란 단어가 두 종류의 사람들 즉 유대인과 이방인을 가리킨다는 것은 이어지는 문맥의 정황으로 볼 때 확실하다. 워필드에 의하면 이 말은 "그것을 개인적으로 해석할 것이 아니라 말하자면 인종적으로 해석해야 할 것"이다.29)

(3) 보편구원론은 하나님께서 유대인뿐만 아니라 이방인들도 구원하기 위하여 속죄사역을 계획하셨다고 가르치는 보편적인 구절들과 밀접하게 연관되어 있다. 때로 구분하기 어려운 것은 그리스도께서 죽음을 통하여 모든 사람을 의미하지 않는, 전체 세상의 구주가 되셨다고 교훈하는 구절들이다. 성경은 많은 사람들이 멸망을 당하지만 세상의 구원을 받을 것이며 세상 모든 개인들이 다 구원받지는 못하지만 구원받는 자들이 인류를 구성하게 될 것이라고 단호하게 교훈한다. 이점에 있어서 워필드의 말은 아주 시의적절하다.

> 성경이 그리스도께서 세상을 구원하기 위해 오셨으며 실제로 세상을 구원하실 것이며 세상이 그에 의해 구원 받을 것이라고 말할 때 그것은 그리스도께서 구원하지 않을 사람이 단 한 사람도 없다는 말이 아니며 구원받지 못할 사람이 단 한 사람도 없다는 의미는 아니다. 이는 그가 구원하기 위해 오셨고 실제로 인류를 구원하시며 인류가 하나님에 의하여 인종별 민족별로 각각 이끌림을 받는다는 의미이다. 오랜 기간에 걸쳐 완전한 구원이 이루어 질 것이며 우리 눈은 구원받은 세상의 영광스러운 광경을 목도하게 될 것이다.30)

---

29) "Predestination" in ***Biblical Doctrines***, Oxford University Press, New York, 1929, p. 52.

아마도 이런 보편론에 관한 구절 가운데 가장 인상적인 말씀이 있다면 요한일서 2장 2절이다. "저는 우리 죄를 위한 화목 제물이니 우리만 위할 뿐 아니요 온 세상의 죄를 위하심이라." 사도 요한은 당시의 그리스도인들을 향하여 편지를 쓰고 있다. 그는 그리스도께서 그들을 위한 화목제물이 되신 분임을 말한다. 교회시대 이후 즉 그리스도 왕국의 완전한 실현이 오기 전까지가 바로 세상이다. 그렇다면 이것과 그리스도가 화목제물이 되신 사역은 어떤 연관이라도 있는 것인가? 요한은 그렇다고 말한다. 요한은 그리스도께서 온 세상의 화목제물이라고 말하고 있다. 웨스트코트(B. F. Westcott)의 다음과 같은 진술은 지극히 온당하다. "'온 세상'이 '온 세상의 죄들을 위한'의 생략된 표현이라는 명제는 그 용법상 합당하지 않으며 전체 문맥의 의미를 약화시킨다."[31]

이 부분에 관한 마이어의 진술 역시 눈여겨 볼 필요가 있다. "본문에 나와 있는 '우리'는 유대인이며 '세상'은 이방인이라고 이해하는 것은 합당하지 않다."[32] 왜냐하면 지금 사도 요한이 편지를 쓰고 있는 대상이 배타적으로 유대인만을 지칭하지는 않기 때문이다. 사도 요한이 그리스도께서 세상에 있는 모든 인간들의 화목제물이라 말하지 않고 있음을 지적하는 것은 대단히 중요한 일이다. 그는 세상에 있는 모든 인간을 말하지 않았다. 오히려 요한은 지금 세상에

---

30) *The Plan of Salvation*, p. 131.
31) *The Epistles of St. John*, London, 1909, p. 45.
32) *Meyer's Commentary on the New Testament*, loc. cit.

있는 집합적이고 포괄적인 의미에서의 인간을 말하는 것이며 "온"이라는 형용사는 바로 이런 사실을 강조하고 있다. 그레이다누스(S. Greydanus)의 견해에 의하면 "온 세상"이라는 명사는 세상에 있는 인간을 초월하는 단어이다. 그는 이에 대해 다음과 같이 말한다.

> 세상에 속해 있는 모든 피조물들과 인간들이 예외 없이 다 그리스도 안에서 화목제물을 소유하고 있는 것이 아니다. 오히려 그리스도께서 화목제물의 영향을 세상의 일부분 즉 세상에 있는 인간에게만 미치게 하지 않고 나머지 모든 세상에 미치게 하신다. 따라서 전체로서의 세상, 전체 구조로서의 세상이 그 충만에 넘치도록 하신다. 이러한 사상은 에베소서 1장 10절과 골로새서 1장 20절에서도 동일하게 발견된다.[33]

따라서 적어도 요한일서 2장 2절은 그리스도께서 집합적인 인류, 공동적인 인류를 위한 화목제물이심을 교훈하고 있다. 이와 동일한 진리가 사도 바울에 의해서도 명백하게 진술되었다. "이는 하나님께서 그리스도 안에 계시사 세상을 자기와 화목하게 하시며 저희의 죄를 저희에게 돌리지 않고 화목하게 하는 말씀을 우리에게 부탁하셨느니라."(고후 5:19) 그 날이 오면 온 세상이 구원을 받을 것이다. 그날에 바로 교회가 그 세상이 될 것이다.

(4) 보편적 구원에 관한 성경 구절들을 숙독하면 속죄 사역의 특정한 열매들이 모든 사람들에게 차별 없이 생긴다는 것을 알게

---

33) *Kommentaar op het Nieuwe Testament*, XIII, Amsterdam, 1929, loc. cit.

될 것이며 이것은 하나님에 의해 계획된 것이다. 이 열매들 가운데 가장 두드러진 것이 바로 소위 우주적 구원의 신실한 전파와 제공이다. 보편적 구원에 관한 많은 위대한 구절들은 하나님께서 모든 사람들에게 영생에 관한 신실한 복음을 완전히 제공하신다고 말한다. 그 중 일부를 인용하면 다음과 같다. 먼저 선지자 에스겔이 외쳤다. "나 주 여호와가 말하노라 내가 어찌 악인이 죽는 것을 조금인들 기뻐하랴 그가 돌이켜 그 길에서 떠나서 사는 것을 어찌 기뻐하지 아니하겠느냐."(겔 18:23) "주 여호와의 말씀에 나의 삶을 두고 맹세하노니 나는 악인이 죽는 것을 기뻐하지 아니하고 악인이 그 길에서 돌이켜 떠나서 사는 것을 기뻐하노라."(겔 33:11) "하나님은 모든 사람이 구원을 받으며 진리에 이르기를 원하시느니라."(딤전 2:4)를 논하면서 메이첸은 앞서 인용한 에스겔의 본문들과 일치하는 자신의 견해를 피력했다.[34] 베드로후서 3장 9절은 주님께서 "오직 너희를 대하여 오래 참으사 아무도 멸망치 않고 다 회개에 이르기를 원하시느니라."는 말씀을 통해 우리의 견해를 확증해 주고 있다.

알미니안주의자들은 복음을 듣는 모두에게 제공된 하나님의 신실한 구원을 볼 때 하나님께서 속죄사역을 통해 모든 사람의 구원을 계획하셨음이 전제된다고 주장한다. 이것은 성경적 보편구원론(scriptural universalism)이라는 제하를 통해 더 상세하게 다룰 것

---

34) ***The Christian View of Man***, The Macmillan Co., New York, 1937, pp. 74f. 또한 A. C. De Jong, ***The Well-Meant Gospel Offer***, T. Wever Franeker, 1954, pp. 171ff를 보라.

이지만 우선 간단히 말하면 이런 주장은 전혀 성경의 지지를 받지 못한다고 단언할 수 있다. 1618년과 1619년 도르트 종교회의는 이러한 알미니안주의자들의 주장이 성경적이 아님을 증명하고 이들을 배격하였다. 알미니안주의를 배격하기 위해 제한 속죄를 포함한 칼빈주의 5대 교리를 작성해서 개혁주의 신학으로 유명한 이 종교회의는 실제로 올바른 구원의 의미를 제공했다. 그러나 그들은 이에 대해 하나님의 비밀스런 경륜의 계시가 아니라고 주장했다. 오히려 이것은 하나님 의지 만족의 계시라 할 수 있다. 이는 매우 타당한 구분이다.

도르트 신조는 다음과 같이 말한다. "복음에 의해 부르심을 받는 자는 누구든지 진실하게 부르심을 받는다. 왜냐하면 하나님께서 그의 말씀 안에서 가장 진지하고도 신실하게 무엇이 합당한지 선언하셨기 때문이다. 말하자면 부르심을 받은 자마다 그에게 오게 될 것이라는 말이다."[35] 이러한 선언과 가장 조화를 이루는 스위스의 칼빈주의자 프란시스 튜레틴(Francis Turretin)의 진술이다. "하나님께서는 죄인의 회심과 영생을 기뻐하신다. 이는 그의 무한한 자비심과 완전히 조화되는 것이다."[36] 신실하고도 보편적인 구원의 제공은 성경에 확실하게 교훈된 것으로서 실제로 우주적이며 보편적인 하나님의 사랑을 전제한다. 그러나 그것은 동시에 하나님께서 그의 아들의 죽음을 통하여 세상에 있는 각각의 사람들을 다 구원하기로

---

35) The Canons of Dort, Third and Fourth Heads of Doctrine. 8.
36) *Opera*, Edinburgh, 1867-68, IV, xvii, 33.

목적한 것이 아님을 전제하는 것이기도 하다.

성경에 보편적 구원이라고 명명할 수 있는 많은 구절들이 있는 반면 알미니안주의자들이 우주적이며 만인구원적 해석을 내릴 수 있는 구절들도 꽤 있다. 그 중 로마서 14장 15절과 고린도전서 8장 11절의 병행구절은 중요하다. 두 본문의 정황 속에서 바울은 그리스도인의 자유의 남용과 왜곡을 경고하고 있다. 바울은 그의 독자들에게 "그리스도께서 위하여 죽으신" 어떤 이들이 완전히 파괴되고 멸망하지 않게 약한 형제들을 향하여 자비를 베풀라고 권면한다. 그러나 이 구절들이 그리스도께서 자신의 죽음을 통하여 멸망할 모든 사람들을 다 구원할 것을 계획하셨다는 의미는 아니다. 가장 적절한 해석은 그리스도께서 멸망 할 죄인들 가운데 일부를 구원하신다는 것이다. 하지만 이 해석조차도 완전한 설득력이 있지는 않다.

바울은 매우 강한 어조로 약한 형제들에게 자비를 베풀도록 경고하고 있다. 쉐드(Shedd)의 말을 빌리자면 바울은 다음과 같이 말하고 있다. 이것은 "발생할 수 없는 어떤 것을 가정하는 것과도 같다."[37] 이러한 형식의 논증에 관한 또 다른 실례는 하늘로부터 내려온 천사라도 거짓 복음을 전할 수 있는 가능성은 없다고 확언하는 갈라디아서 1장 8절이다. 이 부분과 관련해서 "자기들을 사신 주를 부인하는" 거짓 교사들에 대적하는 베드로후서 2장 1절도 언급될 수 있다.

벌코프(L. Berkhof)에 의하면 가장 설득력 있는 해석은 피스카토

---

37) *Dogmatic Theology*, New York, 1889, II. 481.

와 화란 주석의 해설로서 스미튼(Smeaton)이 제시한 것이다. "이 거짓 교사들은 그들의 고백과 행위의 심판에 따라 묘사되어질 것이다. 그들은 자신들을 구속받은 백성으로 내세우지만 자신들의 공동체에 계속 머무는 한 교회의 심판을 면하지 못할 것이다."38) "하나님 아들을 밟고 자기를 거룩하게 한 언약의 피를 부정한 자"에 대한 확실한 심판과 멸망을 말하고 있는 히브리서 10장 29절 역시 이와 같은 맥락에서 해석되어야 한다.

알미니안주의와 성경적 교리 체계

이상의 결론은 성경의 보편구원론적 구절들이 하나님께서 속죄 사역을 통하여 모든 사람들을 구원하기로 계획하셨다고 가르치지는 않으며 그리스도께서 자기의 죽음을 통하여 모든 이를 다 구원하기로 목적하시지 않았음을 분명히 한다. 성경 교리 체계는 속죄 사역에 관한 알미니안 교리에 대적할 수 있는 많은 원리들을 제시할 수 있다.

성경에서 실로 하나님이 하나님 되심보다 더 강조되는 진리는 없다. 하나님의 주권 교리는 성경의 심장과도 같다. 하나님의 주권에 대해 이사야는 다음과 같이 선포하고 있다. "만군의 여호와께서 맹세하여 가라사대 내가 생각한 것이 반드시 되며 내가 경영한

---

38) *Systematic Theology*, Wm. B. Eerdmans Publishing Co., Grand Rapids, 1946, p. 397.

것을 반드시 이루리라.... 만군의 여호와께서 경영하셨으니 누가 능히 그것을 폐하며, 그 손을 펴셨으니 누가 능히 그것을 돌이키랴."(이사야 14 : 24, 27)

다음은 신적 선언의 위엄이 돋보이는 말씀이다. "너희는 옛적 일을 기억하라. 나는 하나님이라 나 외에 다른 이가 없느니라. 나는 하나님이라 나 같은 이가 없느니라. 내가 종말을 처음부터 고하며 아직 이루지 아니한 일을 옛적부터 보이고 이르기를 나의 모략이 설 것이니 내가 나의 모든 기뻐하는 것을 이루리라 하였노라. 내가 동방에서 독수리를 부르며 먼 나라에서 나의 모략을 이룰 사람을 부를 것이라. 내가 말하였으니 정녕 이룰 것이요 경영하셨으니 정녕 행하리라."(이사야 46 : 9 - 11)

시편 기자 역시 다음과 같이 노래하고 있다. "오직 우리 하나님은 하늘에 계셔서 원하시는 모든 것을 행하셨느니라."(시 115 : 3) 알미니안주의의 속죄 교리가 그렇게 하는 것처럼 성경의 하나님을 인간에 의해 좌우지 되는 하나님으로 만드는 것은 하나님을 부인하는 것과 다르지 않다. 하나님을 "마치 인간의 달리기 경주처럼 최선을 다하지만 그의 목적을 완전히 성취하지는 못하는 분투하시는 하나님"으로 가정하는 것은 신성모독이다. "하나님의 심각하고도 진지한 의도가 어떤 경우에 있어서는 좌절될 수도 있으며 죄인 된 피조물이 전능하신 하나님의 계획에 대항하여 거부권을 행사할 수 있다는 알미니안 사상은 측량할 수 없는 하나님의 위대하심과 광휘(exaltation)를 기반으로 하는 성경 사상에 완전히 위배된다."[39]

하나님의 주권이라는 진리가 성경의 심장이라고 말하는 것은 은혜로 말미암은 구원의 교리가 특별 계시의 핵심이라고 선언하는 것과 같다. 하나님의 주권적인 은혜로 말미암는 구원이 성경의 중심 주제이다. 은혜로 말미암는 구원은 하나님으로 말미암은 구원이다. "구원은 여호와께 있사오니"(시 3장 8절) "그런즉 원하는 자로 말미암음도 아니요 달음박질하는 자로 말미암음도 아니요 오직 긍휼히 여기시는 하나님으로 말미암음이니라."(롬 9:16) "너희가 그 은혜로 인하여 믿음으로 말미암아 구원을 얻었나니 이것이 너희에게서 난 것이 아니요 하나님의 선물이라."(엡 2:8) 심지어 중생인들이 그들의 구원 과정에서 하나님의 은혜를 받아들이도록 만드는 것 역시 그들 안에 역사하시는 하나님의 은혜를 통하여 가능하다.

그렇기 때문에 사도 바울이 다음과 같이 훈계하고 있다. "그러므로 나의 사랑하는 자들아 너희가 나 있을 때뿐만 아니라 나 없을 때에도 항상 복종하여 두렵고 떨림으로 너희 구원을 이루라 너희 안에서 행하시는 이는 하나님이시니[40] 자기의 기쁘신 뜻을 위하여 너희로 소원을 두고 행하게 하시나니"(빌 2:1, 13) 이 주요한 교리에 비추어 볼 때 알미니안주의의 만인구원론은 하나님 말씀을 심각하게 훼손하는 것이다. 왜냐하면 알미니안주의는 하나님이 단순히 그의 아들의 죽음을 통하여 구원을 가능하게 만들었다고 가르치며,

---

39) Loraine Boettner, ***Studies in Theology***, Wm. B. Eerdmans Publishin Co., Grand Rapids, 1947, p. 319.
40) 현재분사인 에네르곤(*energōn*)은 계속적인 신적 활동을 의미하며, 중생 받은 자가 그 활동을 계속해서 의지해야 함을 암시한다.

그 구원은 실제적으로 자신의 자유로운 의지를 통해 그리스도를 수용하는 죄인의 선택에 달려있다고 교훈하기 때문이다. 따라서 그들이 말하는 구원의 실현은 하나님의 의지가 아니라 인간의 의지에 따라 좌우된다. 인간 스스로 자신의 구세주가 되며 이제 구원은 더 이상 "자비를 베푸시는 하나님께 속한 것"이 아니라 "원하는 자로 말미암는 것"이 된다.

알미니안주의의 만인구원론에 대한 많은 반론이 제기되어 왔다. 만일 속죄 사역이 구원의 확실성을 보장하지 않고 단순히 모든 사람들을 위한 구원의 가능성을 제공한 것이라면 개인의 실제적인 구원은 자유로운 신앙 행사를 조건으로 좌우하게 된다. 그렇다면 아무도 구원받지 못할 수 있으며 그리스도께서 헛되이 죽으신 것이 된다. 이것은 매우 빈약한 논증이다. 이런 만인구원론의 오류는 훨씬 더 심각하다. 알미니안주의는 하나님께서 속죄를 통해 모든 이들의 구원을 가능하게 만들었다고 가르친다. 그러나 구원의 실제적 효력은 자유로운 의지가 그리스도를 구세주로 영접하는 행위로서 가능해 진다고 교훈한다.

하지만 성경은 한 치의 오차도 없이 중생의 은혜가 없이는 그 누구도 자신의 의지로 구원하는 믿음을 행사할 수 없다고 단호하게 교훈한다. 불행하게도 웨슬레 알미니안주의는 명백히 이것을 부인한다. 웨슬레 알미니안주의는 모든 인간이 중생인이든 비중생인이든 믿음으로 그리스도를 영접할 수 있는 충분한 은혜 혹은 은혜로운 능력을 소유하고 있다고 주장한다. 그러나 이러한 교훈은 성경의 명백한 진술에 비추어 볼 때 그 설득력을 상실한다. 다음과 같은 말씀을 통해 예수님은 자기에게 오는 자와 믿는 자를 동일시함을 알 수 있다. "내가 곧 생명의 떡이니 내게 오는 자는 결코 주리지 아니할 터이요 나를 믿는 자는 영원히 목마르지 아니하리라 나를 보내신 아버지께서 이끌지 아니하면 아무라도 내게 올 수 없으니 오는 그를 내가 마지막 날에 다시 살리리라."(요 6:35, 44) 빌립보의 루디아는 믿음으로 바울의 설교에 반응했다. 성경은 이 사실을 루디아가 스스로 마음의 문을 연 것이 아니라 주께서 그 마음의 문을 열어주심으로 그렇게 되었다고 교훈한다(행 16:14).

바울은 에베소 교인들에게 다음과 같이 말한다. "너희가 그 은혜로 인하여 믿음으로 말미암아 구원을 얻었나니 이것이 너희에게서 난 것이 아니요 하나님의 선물이라."(엡 2:8) 선행하는 "이것"이 믿음이든 또는 믿음을 통한 구원이라는 광의적 의미이든 하나님이 믿음의 주인이 되신다는 것은 분명하다. 사도 바울은 빌립보에서 "그리스도를 위하여 은혜를 주신 것은 다만 그를 믿을 뿐 아니라 그를 위하여 고난도 받게 하기 위함"이라고 제자들을 격려하고 있다(빌 1:29). 바울은 선물이란 단어를 그리스도를 믿는 것과 그리스도와 함께 고난 받는 두 가지 독특한 의미로 간주한다. 성경에 의하면 믿음은 인간이 행위하기 이전에 인간에게 베푸시는 신적 은혜의 선물이다.

그러므로 피할 수 없는 결론은 다음과 같다. 만일 하나님께서 그 아들의 죽음을 통하여 구원을 가능하게 하셨고 인간으로 하여금 자신의 의지로 그리스도를 믿음으로 구원을 실현하게 하셨다면, 하나님께서는 아들의 죽음을 통하여 도무지 실현될 수 없는 구원의 가능성만 만든 것이 될 뿐이다. 그렇다면 그리스도의 죽음은 헛것이 되고 말 뿐이다. 결국 알미니안주의는 자기모순에 빠지게 된다. 물론 알미니안주의로서는 속죄사역에 관한 견해가 이런 무용성과 관계한다는 것이 내키지 않는 일이다. 따라서 이러한 결론을 피하기 위해서 또 다른 극단적 주장을 해야 하지만 그것은 한층 더 심각한 모순에 빠지게 만들 뿐이다. 그러므로 어떤 입장을 취하든 알미니안주의는 성령 하나님의 중생의 은혜 없이도 인간이 스스로 구원하는 믿음을 행사할 수 있다고 교훈하거나 아니면 모든 인간이 반드시 구원에 이른다고 교훈해야만 하는 것이다.

후자의 경우에 대해서 루이스 벌코프는 다음과 같이 평했다. "그리스도께서 모든 인간을 구원하시기 위한 목적으로 돌아가셨다는 교리는 논리적으로 절대 만인구원론을 의미한다. 즉 모든 인간들이 궁극적으로 구원받는다는 교리를 뜻한다. 그리스도께서 죄 값을 치러 준 사람들이 그 죄 값으로 인해 구원을 상실하고 멸망할 수 있다는 것은 어불성설이다. 알미니안주의는 중간 기착지에 멈출 수 없으며 끝까지 가야만 한다."[41] 사실상 거의 모든 알미니안주의자들은 전자의 입장을 취한다. 그러나 전자는 후자만큼이나 비성경적인 불합리한 사상이다. 과거 역사에 존재했던 알미니안주의는 후자를 부인하지만 오늘날의 알미니안주의자들은 그것을 수용할 준비를 하고 있다.

---

41) *Systematic Theology*, p. 395.

"알미니안주의의 전시"(A dispaly of Arminianism)라는 제하의 논문에서 옥스퍼드 대학의 부학장이었던 존 오웬(John Owen)은 알미니안주의에 대해 결정적인 논박의 글을 썼다. 그가 제시하는 속죄사역의 신적 계획에 대한 알미니안주의의 오류와 허위는 다음과 같다.

> 하나님께서는 그의 진노를 정당하게 부과하셨으며 그리스도께서는 모든 사람의 모든 죄를 위하여, 또는 어떤 이들의 모든 죄를 위하여, 혹은 모든 사람들의 약간의 죄를 위하여 지옥의 고통을 통과하셨다. 만일 제일 마지막의 경우 즉 모든 사람들의 약간의 죄를 위해 그리스도께서 지옥의 고통을 통과하셨다면 모든 사람들이 여전히 약간의 죄를 소유하고 있기 때문에 단 한사람도 구원받지 못할 것이다. 만일 두 번째 경우라면 우리가 확증하듯이 그리스도께서 세상에 있는 택자들의 모든 죄를 위하여 그들을 대신하여 그들을 위하여 고난 받으셨음을 의미한다. 만일 첫 번째 경우라면, 왜 모든 사람들이 그들의 죄의 형벌로부터 자유함을 누리지 못하는가? 그대는 아마도 그들은 불신앙 때문에 믿지 않을 것입니다 라고 말할 것이다. 그러나 이 불신앙은 죄인가 죄가 아닌가? 만일 죄가 아니라면 왜 그것 때문에 형벌을 받아야만 하는가? 죄라면 그리스도께서는 그것때문에 형벌을 통과하셨는가 그렇지 않은가? 만일 그렇다면 이것이 그 죽음의 열매에 함께 참예함으로 사함 받을 그들의 다른 죄들보다 왜 더 훼방하는가? 만일 그리스도께서 형벌을 통과하지 않으셨다면 그리스도께서는 그들의 모든 죄를 위하여 돌아가신 것이 아니란 말인가?

이렇게 말하고 나서 오웬은 알미니우스(Arminius)의 추종자들에게 도전한다. "어떤 노선을 따르든지 그들로 하여금 선택하게 하라."[42]

---

42) ***The Works of John Owen***, Edinburgh, 1862, X. 173f.

제3장
바르트의 보편주의

바르트 신학에서 예정의 위치
바르트와 개혁주의 예정 교리의 대립
바르트의 예정 교리와 보편주의
성경적 예정 교리와 바르트의 대립

제3장 바르트의 보편주의

 교리 역사에는 보편주의(universalism)나 알미니안주의(Arminianism) 보다 훨씬 나중에 발전한 변증법적 신학 혹은 '신정통주의'(the new orthodoxy)로 불리는 신학의 한 흐름이 있다. 역사에 나타난 대부분의 사상과 같이 이 신정통주의도 그 정확한 기원을 알 수는 없다. 하지만 1919년에 출간된 칼 바르트(Karl Barth)의 첫 번째 『로마서 주석』에서 신정통주의는 확실하게 그 모습을 드러냈다.

 신정통주의의 '속죄의 신적 계획'은 이견이 많아서 만장일치를 기대하기 어렵다. 에밀 브루너(Emil Brunner)는 이 교리 안에서 칼 바르트식 보편주의가 지니는 오류를 찾아내고 있다. 라인홀드 니이버(Reinhold Niebuhr)는 이 보편주의에 대하여 꽤 탁월한 식견을 보여주고 있으나 바르트 보다는 자신의 견해를 충분히 피력하지 못했다. 루돌프 불트만(Rudolf Bultmann)이나 폴 틸리히(Paul Tilich)와 같은 자들은 성경에서 "신화(myths)"나 "상징(symbols)"

들을 강조하는 것으로 유명한데 이들 역시도 이 보편주의에 의문을 제기한다. 그들은 하나님의 진노가 영원히 임할 자들이 이 세상에 있다고 성경이 실제로 가르치는지를 묻는다. 하지만 그들은 이 질문에 그다지 큰 관심을 표명하지는 않는다. 실존주의자들(existentialists)인 그들의 가장 본질적인 관심은 현재이며 현재적 실존에만 신경을 쓰고 있기 때문이다.

'속죄의 신적 계획'에 대한 바르트의 교리를 심각하게 고려해야 할 몇 가지 이유가 있다. 이 교리를 다룸에 있어 바르트는 다른 신정통주의 학자나 철학자와 비교할 때 사실상 탁월한 위치를 차지하고 있다. 그래서 사람들은 현 세대에서 가장 영향력이 큰 신학자로 평가되는 그의 강의를 듣는다. 비록 동시대 인물의 영향력을 역사적으로 제대로 평가하기는 힘들지만 그에 대한 평가는 상당히 온당할 수 있다. 비록 그가 무오한 성경 중심의 전통 교리에서 벗어났다 하더라도 바르트 신학의 상당부분은 여전히 성경에 의존하고 있음을 인정해야만 한다.

바르트의 '속죄의 신적 계획'을 제대로 평가하기는 어렵다. 그는 정통주의(orthodoxy)를 표방하고 있음에도 불구하고 많은 부분에서 역사적 정통주의로부터 과격하게 이탈했다. 이는 바로 그의 신학과 교리를 매우 복잡하게 만든 중요한 요인이다. 그가 성경 무오 교리를 부인한 확증들이 계속해서 제시되고 있으며 이는 바르트 신학 전체에 불가피하게 먹구름(暗雲)을 드리우고 있다. 어떤 한 보수주의자는 바르트 신학에서 유일하게 거슬리는 부분은 성경 무오 교리에 관한 것이라고 말했는데 그것은 아주 분별력 없는 태도이다. 이 주제에 대한 직접적 증거를 담고 있는 몇 가지 사례들을 제시할 필요가 있겠다. 그 누구도 바르트가 그리스도의 희생적 죽으심으로 '하나님의 형벌적 공의'(the divine penal justice)를 만족시키셨다는 정통적 가르침을 전적으로 수용했다고 착각해서는 안된다.

바르트는 화목(reconciliation)에 대해 자신의 책에서 실제로 안셀름(Anselm)의 속죄 교리를 전면 부정한다. 바르트는 '화목'은 '사람이 하나님께로 회귀하는 것'이라 하였다. 또한 로마서 5장과 고린도후서 5장 19절에서 선언했던바 "사람에 대한 하나님의 원수 관계가 속죄 행위(그리스도의)에 의하여 제거된 것"이 아니라고 주장했다. 바르트는 "하나님께서는 사람과 화목할 필요가 없고 단지 사람이 하나님과 화목할 필요가 있다."고 언급했다.[43]

벌카우어(G. C. Berkouwer)는 *The Triumph of Grace in the Theology of Karl Barth*[44]에서 바르트가 그리스도의 대속(우리를 위한)을 강조한 점은 높이 사고 있지만 그의 가르침에 주의할 것을 지적했다. 바르트에게 있어서 그리스도의 대속은 "우리가 심판 아래 있지 아니함을 의미하는 것이 아니라" 오히려 그리스도의 죽으심이 곧 "우리의 죽음을 내포하는 것"을 의미한다고 했다. 그리스도의 죽으심에서 하나님은 우리를 "멸종"(extinction)으로 내리치셨

---

43) *Die Kirchliche Dogmatik*, Evangelischer Verlag A. G. Zollikon, Zürich 1953. IV, 1, 79.
44) English translation by Harry R. Boer, Wm. B. Eerdmans Publishing Co., Grand Rapids, 1956, 317f.

다고 말한다. 벌카우어(Berkouwer)는 로마서 6장 1절부터 11절을 인용하여 바르트에 대한 중대한 의혹을 제기했다. 그는 과연 바르트가 말하는 속죄가 정통주의 입장처럼 그리스도께서 우리를 대신하신것임을 의미하는가를 묻는다. 이런 의미에서 바르트가 말하는 예정을 '영원한 하나님의 작정'으로 추정하는 것은 정말로 천진난만한 것이 된다. 그렇게 생각하는 것은 개혁주의(reformed)의 예정론이며 알미니안주의 첫째 조항인 "하나의 영원한, 변할 수 없는 하나님의 목적"이라는 인식과 같다. 바르트는 단지 정통주의 용어를 빌려 비정통주의적 사고를 표현하고 있을 뿐이다.

바르트 신학에서 예정의 위치

특별 속죄에 대한 개혁주의 교리는 실상 개혁주의의 선택 교리와 더불어 굳건히 서느냐 혹은 무너지느냐를 함께 하는 운명 공동체이다. 하나님께서 영원 전부터 어떤 특정한 사람들을 구원하기로 작정하셨다면 그것은 필연적으로 그 아들의 죽음을 통해 그 사람들만을 구원하기로 계획한 것이요 다른 사람들은 아닐 것이다.

이와 마찬가지로 바르트의 속죄 교리 역시도 그의 선택 교리와 불가분하게 묶여 있다. 사실상 이 후자(선택교리)가 바르트 신학 전체를 형성하는 근간이다. 그 자신의 말을 빌리자면 선택은 "태초에, 심지어 태초 이전, 곧 하나님께서 그의 피조물들을 다루시기 그 모든 것 이전에" 계획된 것이라고 한다. 그리고 "선택 교리는 은혜로

우신 하나님의 가장 기본적인 선언(declaration)이므로 하나님의 모든 신적 방식과 행위(ways and works)의 출발점으로 보아야 한다."고 했다.45) 확실히 속죄의 신적 계획에 대한 바르트의 교의는 이와 같은 시각으로부터 나아가고 있음이 분명하다.

바르트에게 있어서 선택 교리와 속죄 교리의 관계는 너무나 밀접하며 후자는 전자 속에 내포된 것이라고 말할 수 있다. 보다 정확히 말하자면 '속죄의 신적 계획'에 대한 바르트의 교리는 매우 암시적이며 모호하지만 그의 선택 교리를 통해서 볼 때 그것은 실제적으로 명백하게 표출된다. 그에게 있어서 속죄 교리는 선택 교리의 부분이며 선택 교리와 한 덩어리를 이루고 있다.

그의 전집인 『교회 교의학』(*Church Dogmatics*)은 속죄와 화목에 대하여 한 권의 책에서 다루고 있다. 거기에서는 그리스도께서 누구를 위하여 죽으셨는가의 질문에 대하여 분명하게 답변하지 않고 오히려 선택(election) 문제를 다룬 책에서 더 선명하게 언급하고 있다. 이러한 이상한 배치에 대하여 놀랄 필요는 없다. 앞으로 거듭 지적하겠지만 예정에 대한 바르트의 교리를 전체적으로 요약하면 다음과 같다. 즉 십자가에서 죽으신 그리스도가 '그 선택된 자'(the chosen man)일 뿐 아니라 모든 사람이 받아야 할 모든 심판을 짊어진 바로 '그 버림받은 자'(the reprobate man)로 서술된다.

따라서 바르트에 따르면 아들의 죽음을 통해 모든 사람을 다 구원받게 하는 것이 하나님의 진정한 목적이라는 귀결로 이어진다. 이것

---

45) *Die Kirchliche Dogmatik*, 1948, II, 2, 96, 100.

이 바로 바르트가 말하는 '속죄의 신적 계획' 교리이다.

바르트와 개혁주의 예정 교리의 대립

바르트는 기념비적인 그의 『교회교의학』을 집필하면서 전통적 개혁주의 신앙 즉 개혁주의 신앙고백과 요리문답에서 정형화된 역사적 개혁주의 신앙이 자신의 교의와 일치한다고 주장한다. 하지만 바르트 스스로 인정하듯이 예정 교리에 관한한 그는 전통적 칼빈주의로부터 분명히 이탈해 있다.

그 역시 다른 개혁주의 신학자들과 마찬가지로 '예견된 신앙'을 선택의 근거로 내세우는 알미니안 교리를 맹렬히 거부하는 것만큼은 확실하다. 하지만 그는 하나님께서 그의 영원한 계획 가운데 단지 일정한 수의 사람들만을 구원하기로 불변의 작정을 하셨다는 것과 또한 그 이외의 나머지는 멸하기로 작정을 하셨다는 이중 예정 교리를 결코 믿지 않는다. 그는 이 교리가 하나님의 무한하신 사랑의 속성에 위배되는 것이라고 주장한다. 더불어 사랑의 하나님께서 복음을 통해 사람들에게 평안함을 베푸시는데 전적으로 실패하고 있다고 역설한다.

바르트는 개혁주의 신학자들에게 몇 가지 심각한 오류가 있다고 지적한다. 우선 하나님의 사랑을 전혀 고려치 않고 단지 신적 주권이란 추상적 표현으로 '예정의 이중 작정'(the double decree of predestination)을 합리화하고 있으며, 또한 성경의 가르침인 "그리스도 안에서" 택함을 받은 자들을 강조하지 않고 오히려 그리스도가 택하심의 도구가 된 사실만 강조하고 있다. 그는 영원한 형벌을 의미하는 유기(reprobation)를 영원한 생명에 들어가는 선택(election)과 동등한 위치에 두고 이를 하나님의 선하신 기쁨으로 표현하고 있으며, 이와 같은 선택 교리를 가르치되 결코 어떤 사람도 자신의 선택에 대해 확신에 도달할 수 없도록 하고 있다고 맹렬히 비난했다.

바르트의 그러한 비난들을 부당하고 초점을 잃었다고 무시하는 것은 오만한 태도로 지적받을 수 있다. 뿐만 아니라 그러한 조처는 전적으로 정직한 것이 아니다. 예정 교리 찬동자들 중에 바르트가 지적한 오류들을 자인하는 자들도 있고 그렇다고 그들 모두가 다 개혁주의 진영 밖에 있는 것만도 아니다. 하지만 그렇게 생각하는 자들은 결코 전통적 칼빈주의를 대표하는 자들이 아니다. 그들은 결코 칼빈주의자는 아닐 것이다.

개혁주의 신학자들은 일찍이 한 쪽에는 예정(foreordination)에 대한 명백한 하나님의 주권을, 다른 한 쪽에는 마호메트의 운명론 혹은 철학적 결정론을 두고 그것들을 정확히 구분하는데 열성을 보였다. 의미심장하게도 그러한 열정은 칼빈주의자와 알미니안주의자 사이에 '예정 논쟁'으로 자연스럽게 점화되었다. 알미니안주의자들은 하나님의 선택이 예지(foreknowledge)에 기초한다고 가르쳤다. 그들은 하나님께서 어떤 자들을 영생으로 선택하시되 영원 전부터 그들이 그리스도를 믿게 될 것을 아셨기 때문에 그리 했다고 생각했다. 로마서 8장 29절 "하나님이 미리 아신 자들로 또한 그 아들의 형상을 본받게 하기 위하여 미리 정하셨으니…"와 베드로전서 1장 2절 "곧 하나님 아버지의 미리 아심을 따라 … 택하심을 입은 자들에게 편지하노니…"를 그 근거로 인용할 수 있다.

하지만 개혁주의학자들은 이 본문에서의 '아심'(knowledge)은 함축적으로 '사랑'(love)의 의미를 내포하며 미리 아심'(foreknowledge)은 곧 '영원부터 사랑하심'(love from eternity)을 의미한다고 주장한다. 따라서 이 문장들은 바로 선택이 하나님의 영원하신 사랑에 뿌리를 두고 있음을 나타내는 것이라고 지적한다. 하지(Caspar Wistar Hodge)는 이러한 예지를 가리켜 "하나님 안에 있는 사랑의 응시이며 이로부터 신적 선택이 발생하는 것"이라고 규정하고 있다.[46]

개혁주의 신학이 루터 신학과 구별되는 특징 가운데 하나는 언제든지 그리스도와 교회를 모두 신적 선택의 대상이라고 주장하는데 있다. 어떤 칼빈주의자들은 그리스도가 하나님의 백성들을 구원하기 위해 중보자로 선택되었고 그렇기 때문에 사람의 선택은 논리적으로 그리스도의 선택보다 앞선다고 가르치고 있다. 하지만 다른 칼빈주의자들은 그리스도가 선택의 대상이 되신 것은 단지 중보자로서 뿐만 아니라 '교회의 머리'가 되시는 그의 능력 때문이라 말한다.

따라서 그리스도의 선택은 논리적으로 사람의 선택보다 앞선다

---

[46] Article "Foreknow, Foreknowledge" in ***The International Standard Bible Encyclopedia,*** Eerdmans, 1937. See also Geerhardus Vos, ***Dogmatiek*** (mimeographed), I, 1, 99, 104.

고 주장한다. 여기에서 특별히 주목할 만한 것은 화란의 칼빈주의 신학자들 중에 가장 신학적으로 균형 잡힌 헤르만 바빙크(Herman Bavinck)의 언급이다.

> 그리스도는 중보자로 정해졌을 뿐 아니라 교회의 머리가 되실 것으로 예정되었다. 모든 만물이 그로 말미암아, 그를 위해 창조되었으니 … 따라서 그리스도는 우리의 택하심을 위한 근거와 기초가 아니라 오히려 교회의 선택을 위한 기초이며 그 기초(그리스도) 위에 부여된 첫 번째 유익이 바로 교회이다. 그리고 이 유익은 이미 그리스도와의 소통을 통해 발생했다. 중생, 신앙 등과 같은 모든 다른 유익들은 이러한 선택의 근거가 아닌 결과로서 그리스도의 교회에게 주어지는 것이다. 이러한 의미에서 그리스도의 선택은 논리적으로 우리들의 선택보다 선행한다.[47]

제2하이델베르그 신앙고백은 이보다 진보하여 선택의 항목에서 다음과 같이 선언한다 "우리들의 어떠한 조건이나 이점(merit) 때문이 아니요 오직 그리스도 안에서 그리고 그리스도 때문에 하나님이 우리를 선택하셨다."[48]

바르트는 말하기를 예정에 찬동하는 개혁주의자들은 유기와 선택이 하나님에 의해 의도된 것이라고 가르치는 오류를 범했다고 하면서 그 예증으로 도르트 칙령(The Canons of Dort)의 결론을 인용하였다. 특히 어떤 이를 영생으로 그 나머지를 영원한 죽음으로 예정하셨다는 이중 예정의 교리를 분명하게 언급한 이후에 개혁주의 세계

---

47) ***Gerefomeerde Dogmatiek***, Kampen, 1908, II, 424.
48) X."하나님의 예정과 성도의 선택"("Of the Predestination of God and the Election of the Saints.")

를 실제적으로 대표하던 도르트 회의(The Synod of Dort)의 참가자들은 그 당시 개혁주의 신앙 속에 유행하던 잘못된 사고를 수정하기에는 그것이(이중 예정 교리가) 적당하다고 여겼다는 것이다. 바로 그 참 개혁주의교회의 도르트 회의는 다음과 같이 논평했다.

> 이 일은 결코 그러한 행동을 해서는 안될 어떤 사람이 일반 대중들을 설득하려는 바램으로 오히려 모든 진리를 침해하고 공평과 자비를 파괴한 것과 같다 ... 그와 같은 교리가 가르치기를 하나님께서 짐짓 그의 의지가 담긴 고의적 행동으로 어떠한 종류의 죄도 고려하거나 생각지 않은 채 세상의 수많은 사람들을 영원한 저주로 예정하셨다고 가르치고 바로 그 같은 목적을 위해 하나님께서 세상을 창조했다고 가르치는 것과 같다. 이와 같은 방식으로 선택이 신앙과 행위의 원천이 되고 동기가 되며 유기는 불신앙과 불경건의 이유가 되고 있다.

여기에서 바빙크(Bavinck)의 말도 인용할 필요가 있다. 바빙크는 선택과 유기의 궁극적 근원은 하나님의 주권이라고 주장한다.,[49]

> 선택과 유기에는 큰 차이가 있다. 하나님이 행하신 모든 일은 하나님 자신을 위해서 행하신 것이다. 선택 역시도 그 동기와 목적이 오로지 하나님 자신에게만 있다. 하지만 그 선택을 통해서 하나님은 자신의 선택을 기뻐하신다. 그리고 그 선택 속에서 선명하게 빛을 발하는 자신의 선함을 보이신다. 새 창조는 바로 그 하나님 완전하심의 거울이다. 그러나 유기의 작정과 관련하여 그가 행하시는 것이 직접적으로 하나님의 선한 즐거움이 되는 것은 결코 아니다. 죄는 그 자체로서 선한 것이 될 수 없기 때문이다. 그것이 선하게 될 수 있는 것은 죄의 성질이나 그 연약에도 불구하고 하나님의 전능(omnipotence)하심에 이끌려 하나님의 명예를 증진하는 데 기여할 때이다. ... 여기

---

49) *Gereformeerde Dogmatiek*, II, 399

에서 하나님의 주권이 궁극적으로 가장 빛나게 되는데 하나님께서는 악을 선한 목적을 위해 사용하실 수 있고 교회의 구원과 그리스도의 명예와 그 이름의 영광을 위해 그 악을 도구로(subservient) 쓰실 수가 있다.50)

미국 칼빈주의자인 벤자민 B. 워필드(Benjamin B. Warfield)는 말하기를 택자들은 "공정하게 저주받은 죄인들의 무리" 속에서 택함을 받은 것이며 "그 선택함을 받지 않은 자들에게 돌아갈 멸망은 그들의 죄에 대한 공정한 보응이다."라고 정언하면서 "이와 같은 영원한 택정과 유기 사이에 있는 사람들 간에 차별은 하나님의 자비하심에 대한 사람들의 관심 속에서 나타나는데 그것은 결국 하나님의 구원하심과 그렇지 않음으로 설명되어진다."고 결론을 내렸다.51)

바르트는 개혁주의 신학에서 선택이 아무도 그 자신이 하나님의 택정하심을 입었다고 확신할 수 없도록 만드는 '숨겨진 작정'(a hidden decree)이라고 주장하는 것은 전적으로 옳지 않다고 말한다. 그러나 실제로 개혁주의 선택 교리는 오히려 복된 확신과 헤아릴 수 없는 평안을 가져다준다. 바르트 자신도 역시 '그리스도는 선택(우리의 택정함)의 거울'이기 때문에 그를 믿음으로 사람은 자신의 소명과 선택을 확신하게 된다는 칼빈의 가르침을 인식한다고 하였다.52)

제네바 신앙고백(1537년)은 진술하기를 그리스도는 "우리가 믿

---

50) Ibid., II, 417.
51) "Predestination" in *Biblical Doctrine*, p. 64.
52) *Die Kirchliche Dogmatik*, II. 2, 69.

음에 의해 그를 영접하고 소유하게 되면 우리의 선택에 대한 보증(seal)으로서 그리스도가 우리에게 나타나신다."고 했다. 이어서 말하기를 "그러면 믿음으로 그리스도를 소유하는 중에 그에 의해 생명을 소유하게 되기 때문에 우리는 더 이상 구원에 관한 하나님의 계획을 찾아 헤맬 필요가 없어진다."고 했다.53) 워필드(Warfield)가 "탁월하게 심사숙고하고 신중하며 온당하게 작성된 교회문서"54)라고 칭송한 도르트 칙령(The Canons of Dort)은 언급하기를

> 선택 시행은 정한 때에 여러 수준과 서로 다른 방식을 통해 부여된다 하더라도 그 영원하고 변할 수 없는 선택에 대한 확신은 호기심을 갖고 그것을 탐구함으로 말미암지 않는다. 그들 자신 속에서 영적인 희락과 거룩한 즐거움을 갖고 하나님이 적확하게 말씀하신 선택함의 필연적 열매들을 주시함으로써 말미암는다.

고 했다. 그리고 난 뒤 이러한 의심할 수 없는 열매들 중에 가장 첫째를 '그리스도에 대한 참 신앙'이라고 명시하고 있다.55)

바르트의 예정 교리와 보편주의

바르트가 개혁주의 예정 교리에 대하여 공정한 평가를 내렸는지에 대한 의문은 당연하다. 이에 대한 답변은 거의 부정적일 수밖에

---

53) "Election and Reprobation."
54) "Predestination in the Reformed Confessions" in *Studies in Theology* (New York :Oxford University Press, 1932), p. 145.
55) *First Head of Doctrine*, 12.

없다. 바르트는 전적으로 그 교리(개혁주의 예정)에 대해 불만족스러워 했고 단지 생각으로 뿐 아니라 실제로 그렇게 표현하기도 했다. 당연히 그는 전혀 다른 새로운 예정 교리를 구성하기에 이른다. 그리고 그 자신이 "그 교의에 대한 전면적인 수정의 불가피성"을 말하곤 하였다.[56] 예기하는 바와 같이 바르트는 『교회교의학』(Die Kirchliche Dogmatik)에서 수백 장의 분량을 선택 교리에 할애하고 있다.[57] 요약하면 다음과 같다.

> 예수 그리스도는 선택의 주체요 객체이다. 그리스도는 선택하시는 하나님이시오 인간 선택의 근거가 된다. 그것은 암울한 비밀이기보다는 오히려 역사적 실재(reality)이다. 그것은 숨겨진 하나님이 아니라 선명하게 드러난 하나님을 보여준다. 그리스도는 선택하는 하나님일 뿐 아니라 또한 그 자신이 택하심을 받은 사람이다. 단지 그를 통해서 혹은 그와 함께함이 아니라 그 그리스도 안에서 선택함을 받는다. 그리고 예정은 이중적이다. 그것은 선택과 더불어 유기를 유발한다. 하지만 일정한 수의 사람이 영원한 형벌로 예정되었다고 생각할 수는 없으니 이는 그리스도께서 바로 그 선택의 대표일 뿐 아니라 유기의 대표가 되시기 때문이다. 그의 고통과 죽으심 가운데 그리스도는 모든 죄인들이 받아야 할 모든 심판을 감당했던 것이다. 인간의 유기를 믿는 것은 결국 하나님께서 작정하시지도 않은 것을 믿는 왜곡된 믿음이다. 유기는 갈보리에서 일어난 위대한 전환이니 곧 하나님이 영원 전에 작정하신 것으로서 결코 무효화 할 수 없는 것이다. 즉 예정은 진실로 선택과 유기를 다 포함하는 것이지만 결코 인류를 선택된 자와 유기된 자로 구분하지 않는다. 그리스도가 모든 사람을 위해 선택된 자와 유기된 자가 되셨기 때문이다. 그리고 이것이야말로 진정한 복음이다. 그것은 "죄인들을 위하신 하나님"을 뜻한다.

---

56) *Die Kirchliche Dogmatik*, II, 2, 373.
57) II, 2, 1-563.

위의 진술에 따르면 바르트의 예정 교리는 그로 하여금 항변할 수 없이 무제한적 보편주의(unrestricted universalism)와 궤를 같이 하도록 만들었고 모든 사람의 구원을 가르치도록 하였다. 하지만 그가 어떠한 이유로 인해 이 입장을 철회해야 한다면 그것은 불가피하게도 제한적이고 일관성 없는 보편주의(qualified and inconsistent universalism)로 도피하는 것인데 이는 결국 사람들의 불신앙 때문에 주권적 하나님의 선택 작정이 완전히 실현될 수 없음을 주장하는 것과 같다. 바르트는 이 두 입장 중에 하나를 선택해야만 하며 다른 여지는 남아있지 않은 것으로 보인다. 그러나 바르트는 두 가지 모두를 거부한다.

다시 말해 그는 예정 교리에 의해 스스로 조성한 딜레마에 직면하려 하지 않는다. 만일 죄인들의 유기가 아닌 그리스도의 유기라고 한다면 결국 모든 죄인들이 다 구원을 얻는다는 결론인데 이는 사실 실현불가능한 일이다. 이와 같이 바르트의 교리들은 어떤 다른 결론을 향한 여지를 남겨놓지 않는다. 그런 이유 때문에 그는 보편주의자(an universalist)로 분류되고 있다.

예를 들면 인간의 유기에 대해 말할 때 "그것(인간유기)은 진실이 아니기 때문에 하나님이 계시하지 않은 것으로 믿고 그것은 하나님이 결코 작정하지 않으며 그의 작정 속에서 배제시키신 것으로 믿는다."고 했다.[58] 그밖에 유기된 자가 되려는 시도에 있어서 인간 '무능함'(impotence)을 강조하기도 했다. 하나님이 원수관계를 소멸

---

58) *Die Kirchliche Dogmatik*, II, 2, 184.

시킴으로 인간이 유익을 얻는다고 말하나 그 원수 관계는 "예수 그리스도의 선택 안에 있고 우리와 모든 다른 사람들로부터 눈을 돌려 그 한 사람 예수에게 부과되어진 것"이라고 말한다.

하나님은 우리를 위해 한 유기된 자(예수)의 생명을 "객관적인 무능"으로 삼으셨다고 했다. 불신자는 이러한 하나님의 영원한 결정을 무효화시키려고 시도하지만 그러한 시도는 쓸데없다. 하나님의 유기하심이 오직 예수 그리스도만을 홀로 형벌하신 사실에 있고 누구도 그 사실을 취소시킬 수가 없기 때문이라고 한다. 골고다에서의 대속이 사람들에 의해 거절될 수는 있지만 결코 무효화할 수는 없다는 것이다.[59]

화목에 관한 책에서도 바르트는 선언하기를 그리스도의 죽음은 모든 사람을 위한 죽으심을 성취하신 것으로서 모든 사람이 그 안에서 그리고 그와 함께 죽은 것이라고 말한다. "그의 죽음은 우리의 죽음을 내포하며 따라서 그것은 우리의 죽음이다."라고 했다.[60] 우리가 듣기로 "화목은 진정 포용적인 주제로 한 사람(그리스도) 안에 많은 사람을 품는 것이요, 그러므로 많은 사람을 통해 결국 모든 사람을 품게 되는 것이다."고 바르트가 말했다.[61]

거듭 그는 말하기를 그리스도 안에서 모든 사람 곧 그리스도인과 이방인이 모두 다 같이 객관적으로 하나님과 화목하게 되었고 그들

---

59) Ibid., II, 2, 381f.
60) Ibid., IV, 1, 325.
61) Ibid., IV, 1, 276.

사이에 차이점은 '실체적'(ontic)인 것이 아니요 단지 '지성적'(noetic)인 것이라고 했다. 달리 말하면 사실 양자는 모두 화목 되었지만 후자는 그들이 화목된 사실을 아직 모를 뿐이다. 그들이 이것을 깨닫기 위해서 복음이 그들에게 선포되어져야만 한다

그러나 "속죄의 정당성과 범위는 예수 그리스도 안에서 실현되어졌으며" 그것은 "무조건적이며 영원하고 신적이다," 그래서 "그 자체 속에서 발생하는 속죄의 구속력은 우주적이며 회피할 수도 없고 초월할 수도 없다."고 했다.62) 그러한 교의에 대면하면서 바르트가 과연 무제한적 보편주의(unqualified universalism)를 피할 수 있을까 하는 의문을 가지게 된다. 이런 의문은 자연스레 바르트가 그의 마음과 지성 그리고 영혼 속에 무제한적 보편주의를 담고 있으리라 짐작하게 한다.

하지만 바르트는 여전히 아마도 모든 사람이 다 구원받지는 않을 것이라고 가르치고 있다. 『Volens nolens』라는 책에서 바르트는 성경이 모든 개개인의 궁극적인 구원이란 의미로 '본래 상태에로의 복원'(Apokatastasis)을 가르치지 않는다는 것을 인정한다. 로마서 10장 11절과 13절 "누구든지 저를 믿는 자는 부끄러움을 당하지 아니하리라"하는 말씀과 "누구든지 주의 이름을 부르는 자는 구원을 얻으리라."의 말씀을 언급하면서 바르트는 "누구든지 그를 믿지 않는 자는 부끄러움을 당할 것이고 그의 이름을 부르는 일을 멸시하는 자는 멸망하게 될 것이라."고 하였다.63)

---

62) Ibid., IV, 1, 48, 81-83, 163.

벌카우어(Berkouwer)는 『칼 바르트 신학에 있어서 은혜의 승리』 (*The Triumph of Grace in the Theology of Karl Barth*)라는 책에서 바르트가 선택자와 유기자가 있다고 한 가르침이 "종말의 진리"까지 양보하며 획득한 사실이라는 데 주의를 환기시키며 그가 한 말을 다음과 같이 인용한다. "그러므로 우리는 선택자와 유기자가 있다고 확정적으로 말할 수가 없다. 하지만 우리는 믿을 수가 있고 또 믿어야만 하는 이유는 바로 그와 같이 될 거라는 사실 때문이다."64) 벌카우어는 이와 관련하여 유기는 진정 모든 사람을 구원받게 하는 하나님의 보편적 은혜로 풀이될 수 없는지를 데브레첸(Debreczen) 대학에서 바르트에게 질문했다. 그는 다음과 같이 대답했다.

> 우리는 하나님의 주권이 현재와 미래에도 모든 것 안에서 전적으로 발휘됨을 확신할 수 있으나 그렇다고 그것이 우리가 모든 것을 하나님께 맡겨두어야 함을 의미하지는 않는다. 따라서 우리는 그 우주적 은혜 속에서 저주가 완전히 사라졌다고 감히 말할 수가 없는 것이다. 성경은 선택과 유기를 함께 말하고 있다."65)

바르트는 복음이 명시한 인간의 책임을 충분히 인식하고 있다. 그래서 그는 믿지 않는 자들이 스스로 처하게 될 영원한 죽음의 위험을 강조하고 있다. 끝까지 불신앙을 고집하는 자들은 모두 멸망하게 될 것이라고 말한다. 여기에서 바르트는 분명히 성경적 근거 위에 서있는 것 같다. 그는 여기서 한 걸음 더 나아간다. 비록 공적으

---

63) Ibid., II, 2, 275.
64) English transl. p. 117
65) Ibid., p. 114.

로 인정하지는 않더라도 실제적이자 함축적으로 불신앙이 선택에 나타난 하나님의 영원한 목적을 좌절(defeat)시킨다고 가르치고 있다. "불신앙의 무기력함" 심지어 "불신앙의 불가능성" 그리고 "신앙의 불가피성"을 주장함에도 불구하고 그 해석에는 거짓이 자리할 가능성이 있을 뿐 아니라 완곡히 말해 다른 해석의 여지를 허락하지도 않는다.

바르트는 그리스도 안에서 모든 사람의 선택과 모든 사람을 위한 그리스도의 유기되심이 하나님의 영원한 작정으로 견고히 세워졌다 할지라도 각 개인들에 대한 선택과 유기는 영원히 최종적으로 결정되었다고 생각해서는 안 될 것이라고 말한다. 말하자면 그것은 하나님이 자기 스스로를 속박하는 일이라고 했다.66) 예정은 오히려 그보다 자유로운 하나님께서 시간을 통해서 계속적으로 행동하심이라고 했다.

또한 "사실 인간의 거부가 허락되지 않는 하나님의 선택은 없고 인간의 선택이 용인되지 않는 하나님의 유기는 없다."고 진술하고 있다.67) 심지어 사람은 신앙에 의해 자기 스스로 구원을 선택하고 또 불신앙으로 자기 스스로 멸망으로까지 유기된다고 말한다. 사람이 자원하는 선택은 하나님 선택의 결과라고 한다.

하지만 인간 스스로 원한 거부는 결코 하나님 유기의 결과가 아니다. 사실은 이와 반대로 하나님께서 그를 그리스도 안에서 선택하신

---

66) *Die Kirchliche Dogmatik*, II, 2, 202.
67) Ibid., II, 2, 205.

것이다. 그의 죄는 하나님의 택하심을 거절함으로서 스스로 하나님을 반대하는 것이라고 했다. "따라서 하나님의 선택을 반대하는 자는 하나님에 의해 유기된 것처럼 나타날 뿐이다. 그러나 그 역시도 하나님에 의해 결정되는 것이 아니고 그 사람 스스로의 선택에 의해서만 기인되는 것이다."라고 바르트는 설명한다.68) 바르트는 그와 같이 유기된 개인들이 하나님의 계획 속에도 들어 있었으나 그것은 하나님이 의도하셨던 것이 아니라는 전제 하에서 설명될 수 있다고 했다.69)

> 유기된 자는 바로 그리스도 안에서 일어난 하나님의 선택을 거부함으로써 스스로를 하나님으로부터 분리시킨 자이다. ... 하나님께서 그를 받아들이셨으나 그 스스로가 하나님으로부터 멀어진 것이다. ... 하나님께서 그를 구원과 섬김으로 예정하셨으나 그는 그 자신의 욕심과 자랑을 좇아 기쁨이 없는 실존을 택하였다.

바르트는 유기된 자를 신적 선택의 "반대자"로 언급하고 있다.70) 그리고 그가 전적으로 인정하기 싫어하는 것은 자신의 논리대로 하면 사람의 의지적 거부가 하나님 주권의 어떤 면(영원한 작정)을 훼손하게 만든다는 사실이다. 그의 신학에서 바르트는 인간 자율권 위에 작용하는 하나님의 주권을 과도하게 열정적으로 지지한다. 그는 단호히 주장하기를 "하나님은 영원한 작정을 하심에 주권자가 되며 또한 그의 작정을 온전히 실현하심에 있어서도 주권자가 된

---

68) Ibid., II, 2, 336.
69) Ibid., II, 2, 499.
70) Ibid., II, 2, 498.

다."고 말한다.71) 불신앙은 하나님의 선택을 부인하는 것이지만 그렇다고 그 선택이 변경되거나 무의미해지지는 않는다.

신인협력설(synergism)이 불신자의 결정과 하나님의 결정을 나란히 두는 것이지만 사실은 하나님의 결정이 인간의 결정에 반하여 이미 내려졌고 인간의 어떠한 결정도 그것을 무효화 할 수는 없다고 했다.72) 하나님께서 사람을 자유로운 존재로 만드셨으나 인간의 자율(autonomy)은 전혀 신적통치(theonomy)를 파괴하지도 않고 그 통치에 견줄만한 라이벌이 되지도 않는다고 했다.73) 바르트는 인간의 책임과 하나님의 주권적 선택에 대하여 위와 같은 사고방식을 갖고 있다.

이제 분명해진 것은 바르트가 한 가지 딜레마에 직면해 있다는 사실이다. 그것은 그가 필히 '무제한의 보편주의'(unrestricted universalism)와 알미니안주의를 회상케 하는 '일관성 없는 보편주의'(inconsistent universalism)중에서 하나를 선택해야만 한다는 것이다. 분명히 그는 양자 중에 어떠한 입장도 받아들이기를 거부하고 있다. 하지만 그가 두 입장에 대해 취하는 태도가 전혀 같지 않다는 점에 주목해야 한다.

그는 전자(무제한의 보편주의)에 대해 거리낌을 갖고 '어쩔 수 없이' 반대한다. 하지만 후자(일관성 없는 보편주의)에 대해서는 '단호

---

71) Ibid., II, 2, 193.
72) Ibid., II, 2, 213,
73) Ibid., II, 2, 194ff.

히' 거부한다. 눈에 띄는 것은 후자에 대한 그의 단호한 거부가 그로 하여금 전자를 받아들이는 위치에 있게 한다는 사실이다. 왜냐하면 하나님께서 모든 사람을 구원하려 계획하고 그리스도로 말미암아 모든 사람을 위한 구원을 발효시켰다고 한다면, 더욱이 어떠한 피조물도 그러한 하나님의 계획을 좌절시키거나 하나님의 행사를 무효화할 수 없다면 모든 사람은 반드시 구원 받아야만 하기 때문이다. 따라서 바르트를 '철저한 보편주의자'로 규정하는 사람들이 있다. 그의 항의에도 불구하고 그를 철저하게 보편주의자로 분류하는 것은 하나도 이상한 일이 아니며 자연스러운 것이다.

비록 일관성(consistency)이 하나의 보석이라는 격언이 진리 이상의 더 많은 의미를 함의한다고 하더라도 적절한 비일관성(happy inconsistency)도 있을 수 있다는 것을 인정해야만 한다. 또한 흔히 "꼬마요귀"(the hobgoblin)로서 표현되는 "미련한 일관성"(a foolish consistency)도 있다는 사실을 부인할 필요도 없다. 다시 말해 바르트가 일관성이 없다는 것은 부인할 수 없는 사실이다.

벌카우어는 바르트에게 결코 혹독한 비평가는 아니지만 『칼 바르트 신학에 있어서 은혜의 승리』(*The Triumph of Grace in the Theology of Karl Barth*)에서 그에게 의혹들이 주는 유익에 대해 말하려고 작심했던 것으로 보인다. 하지만 그는 어쩔 수 없이 결론 내리기를 "바르트가 본래 상태로의 복원(Apokatastasis)을 거부하는 것은 그 자신의 선택 교리를 구성하는 기본 구조와 조화를 이룰 수가 없기 때문이다." 라고 했다.74) 이 시점에 있어서 바르트의 비일관성이 적절한 태도인가? 이에 대한 대답은 당연히 긍정이다. 모든 사람들이 그리스도 안에서 택함을 입고 그리스도가 모든 사람을 위해 유기되셨다면 당연히 아무도 멸망하지 말아야 하는 것이 논리적 귀결이다. 만일 어떤 사람이 멸망하게 된다면 논리의 모순이 되고 만다.

그런데 그것이 바로 하나님의 말씀이 가르치는 부정할 수 없는 사실이고 비록 그것이 결코 내키지 않는 일이지만 바르트는 이 사실을 인정하였다. 그리고 만일 모든 사람을 그리스도 안에서 선택하고 모든 사람을 대신하여 그리스도가 유기되심이 하나님의 영원하신 작정임에도 불구하고 어떤 자들이 악의적인 불신앙으로 인해 멸망에 처하게 된다면 그건 인간의 자율이 하나님의 작정을 좌절시킨 것이 되고 만다. 인간의 자율이 그렇게 할 수 없기 때문에 하나님의 작정을 좌절시킬 수 없다고 말하는 것은 이미 모순이다. 하지만 이 역시도 무오하신 하나님의 말씀이 단호히 가르치는 것이다.

다시 말해 사람이 만일 모든 사람을 구원하시려는 하나님의 목적을 좌절시킬 수가 없다면 모든 사람은 반드시 다 구원을 받아야만 한다. 이를 부인하는 것은 모순이다. 그러나 성경은 모든 사람의 구원을 부인하고 있고 바르트도 이를 부인하고 있다. 그가 실제로 이를 부인하는데 있어서 얼마나 주저하는지는 상관할 바가 아니다.

요약하자면 바르트는 스스로 일관성을 갖지 못하고 무제한적 보편주의와 알미니안주의적 사고를 좇는 제한적 보편주의의 함정을 피하려고 부단히 노력하였다. 이러한 비일관성은 명백히 바르트가

---

74) English transl., p. 116.

심각한 문제에 빠져있음을 입증해준다. 다른 곳에서와 마찬가지로 여기에서도 변증법적 신학(the dialectical theology)의 불합리성이 선명하게 빛을 발하고 있다. 그 특성상 "그렇기도 하고 그렇지 않기도 한 것"(yes and no)이 또 다시 혼란스러움을 만들고 있는 것이다. 어떤 전제와 그에 따른 결론이 서로 배치될 때 둘 중에 하나가 잘못이거나 둘 다 잘못된 것일 수도 있다. 앞에서 살펴본 것과 같이 바르트의 결론은 성경적이며 그렇기 때문에 옳다. 그러므로 그의 전제는 당연히 오류에 빠지고 만다. 이런 의미에서 바르트의 기본 전제인 '선택 교리'는 잘못된 것이다.

성경적 예정 교리와 바르트의 대립

개혁주의 예정 교리를 성경적 기초 위에서 가장 철저히 그리고 정확하게 설명한 것은 워필드『*Biblical Doctrines*』의 첫 장인 예정론이다. 그는 이 교리가 신약에서뿐 아니라 구약에서도 나타났고 예수님과 그의 제자들이 가르쳤으며 사도 바울에 의해 가장 확실하게 가르쳐졌음을 보여준다.

그는 이 주제를 담고 있는 "주요한 세 단락"을 상당한 분량으로 다루고 있는데 바울 서신에 있는 로마서 8장 29절부터 30절, 로마서 9장, 10장, 11장, 에베소서 1장 1절부터 12절이다. 이 엄격한 성경적 연구에서 저자는 개혁주의 예정교리 중 당시 팽배했던 특정 해석들을 수정하고 있다. 예컨대 운명론(fatalism)은 다음과 같이 변경된다.

> 그것은 어떤 우연이나 혹은 어떤 필요성이든 아니면 여전히 추상적이고 임의적인 어떤 의지에게로 돌릴 것이 아니다. 이는 하나님을 부주의하고 사려심이 없고 혹은 어떤 자연적인 필요에 의해 순간적으로 행동하시는 분으로 만드는 것이니 그럴 수 없다. 그것은 오직 특정하게 전지전능하시고 모든 것에 의로우시고 신실하시고 사랑하시는 하나님 곧, 우리 주와 구주 예수 그리스도의 아버지 되신 성부 하나님께만 돌릴 것이니 사람들이 말하는 모든 사건의 과정이 미리 정해져있는 '사전결정'(predetermination)은 오직 하나님께로만 돌려야 한다.[75]

또한 하나님께서 사람들의 죄를 고려치 않고 어떤 자들을 영원부터 저주하기로 작정하셨다는 말은 부정되어야 한다. 이 문제에 대한 정론은 이렇다. "사람들이 선택받지 못함은 그 사람들이 죄인이기 때문이 아니다. 선택은 하나님의 자유로우신 결정이요 그 반대편 유기도 마찬가지로 하나님의 자유로운 결정이다. 하지만 버려진 자들이 멸망에 처하게 됨은 자신들의 죄 때문이지 다른 이유는 없다."[76] 그리고 "그들이 처하게 될 멸망은 그들 죄책에 대한 공정한 보응(right recompense)이다."[77]

이런 진술에 대해 소위 '개혁주의 예정 교리는 현 세대에 실제적 적응성을 찾을 수 없는 추상적인 개념'이라는 비난을 받는다. 그러나 이 교리에 대한 바울의 관심을 생각할 때 다시 한 번 단언할

---

75) B. B. Warfield, *Biblical Doctrines*, 60f.
76) Ibid., p. 54.
77) Ibid., p. 64.

수밖에 없다.

> 우리는 예정에 있어 두 가지 주요한 실제 적용을 강행하시는 하나님의 열심에만 관심 가져야 한다. 그것은 믿는 자들로 하여금 하나님의 신실하신 손 안에 있는 자신들의 영원한 안위를 확신케 만들고 그들 안에 윤리적 에너지를 발동시켜 자신들의 부르심에 합당하게 살도록 만드는 것이다.[78]

이와 같이 하나님께서는 그 예정의 작정을 실행함에 있어 사람을 단순한 로봇으로 취급하지 않으시고 항상 "하나의 지성적이고 자발적인 인격체"로 대하심을 알아야 한다."[79] 또한 선택은 단지 개인적 면만을 내포하고 있지는 않다. 물론 하나님께서는 각 개인들을 영원한 생명으로 선택하셨다. 그 각 개인들이 교회를 구성하고 그들의 구원은 종말에 세상의 구원을 이루게 되는 것이다.[80]

워필드(Warfield)는 모든 의혹과 의심을 넘어 신앙과 학식의 균형을 갖춘 탁월한 성경 연구자이다. 그는 전적으로 성경 앞에서 머리를 숙여 하나님 말씀으로 모든 부분을 대하며 각각의 말씀들을 전체 안에서 보려 노력하고 성경의 일부분을 강조하여 다른 부분을 훼손하는 일을 단호히 거부한다.

이와 같은 학자가 성경 안에서 바르트의 그것과 너무도 다른 이중 예정 교리(a doctrine of double predestination)를 발견한 것은 매우 의미있는 일이다. 성경은 세상의 기초가 놓이기 전에 주권의 하

---

78) Ibid., p. 57.
79) Ibid., p. 37.
80) Ibid., p. 65.

나님께서 타락한 인류 중에서 일정한 수를 그리스도 안에서 선택하여 영원한 생명으로 이끄실 불변의 작정을 하셨다고 가르친다. 또한 성경은 하나님께서 주권적으로 나머지 사람들을 선택하지 않았으니 그들에게는 자신들의 죄에 따라 영원한 형벌을 받도록 하셨다고 가르친다.

많은 성경 구절 속에서 이러한 가르침은 뚜렷이 명시되어(explicit) 있고 함축적으로 암시되어(implicit)있다. 어떤 것이든 이를 뒷받침하는 구절들은 모두 선명하며 압도적이다. 다음의 예시들은 단지 일부 예시일 뿐이다. 마이어(Meyer)는 선택의 사상을 표현하는 신약성경의 단어들을 생각하면서 말하기를[81] "이는 항상, 논리적 필연성을 띠고 다른 사람들에게 말을 하고 있으나 택하심을 입은 자들만이 여전히 이 말씀에 귀 기울인다."고 했다.[82]

예수님께서 가라사대 "많은 사람이 초청을 받으나 택함을 받은 자는 적다."(마 22:14)고 하신 것과 같은 이치이다. 예수님은 제사장적 기도를 하는 중에 '자신의 소유된 백성'을 말하며 그들을 하나님께서 자신에게 주셨고 그들을 주님께서 세상으로부터 선택했다고 말씀하셨으며 오직 그들에게만이 영원한 생명이 함께 하게 될 것이라고 하셨다(요 17:1-16). 하나님이 사람을 다루실 때에 지혜롭고 슬기로운 자들에게는 하나님 나라 일을 숨기고 어린 아이들에게는 드러낸다고 하신 것에서도 증명되듯이 주님께서 자신의 신적

---

81) *Eklegesthai*.
82) 마이어(Meyer)의 신약 주석(*Commentary on the New Testament*) 에베소서 1:4를 참조하시오.

다스리심(theodicy)을 선언하셨다. "옳소이다! 이것이 아버지의 뜻입니다. 아버지께 선한 것이면 마찬가지로 나의 눈에도 선하게 보입니다."(마 11 : 25, 26)고 하셨다.

누가(Luka)는 이에 대해 바울과 바나바가 비시디아 안디옥 설교를 한 결과를 말할 때 "영생 얻기로 작정한 자들은 다 믿더라"(행 13 : 48)고 확증했다. 로마서 8장 29절 30절은 "구원의 금 사슬"(golden chain salvation)을 묘사하고 있다. 영화(glorification)가 의롭게 된 자(the justified)에게 따라오는 것이요 그 의롭게 됨은 오직 부르심을 받은 자(the called)에게 주어지는 것이다. 그 부르심은 오직 택자(the elect)에게 부여되고 그 택하심은 하나님의 영원하신 사랑(God's eternal love)으로부터 발원한다는 사실을 가르친다.

로마서 9장은 이스라엘 민족의 선택과 유기를 말하고 있는데 바울은 당시 이스라엘 민족의 다수를 하나님이 버리신 것에 대해 언급하면서 구원의 전체 문제를 적확하게 하나님의 주권으로 설명하고 있다. 이에 대한 확실한 예증으로서 이삭과 야곱을 하나님이 주권적으로 사랑하고 이스마엘과 에서를 주권적으로 버리신 것을 말하였다. 하나님은 "같은 진흙덩이라도 어떤 것을 귀하게 쓸 그릇으로 빚고 어떤 것은 천하게 쓸 그릇으로 빚으실 능력"(롬 9 : 21)을 발휘하여 주권과 선택의 진리는 제 위치를 바로 차지하게 된다.

에베소서 1장 1절부터 12절은 놀랍도록 풍성한 언어를 사용하여 그리스도 안에서 믿는 자들이 얻게 되는 구원의 충만함을 묘사하고 있다. 특히 그들이 얻게 된 구원의 풍성함이 오로지 하나님 자신의 선한 기쁨에 기초한다는 점을 강조한다. 곧 세상을 만들기 전에 그들이 죄로 가득한 인간 속에서 거룩한 택하심을 입은 것은 하나님 자신의 기꺼운 작정에 따라 그리 된 것이오, 이는 모두 하나님 영광을 찬양케 하기 위함이라고 했다.

사도 베드로는 신자들에게 "하나님의 미리 아심을 좇아 선택된 자들"이라고 표현하였는데(벧전 1:2) 이 역시 그들의 선택이 하나님의 주권과 영원한 사랑에 기인함을 말하고 있다. 베드로는 또한 불순종한 자들의 넘어짐에 대해 말하면서 저들이 불신앙에 처하게 된 증거를 제시하기를 "저희가 말씀에 순종치 아니하므로 넘어지나니 이는 저희를 이렇게 정하신 것이라."(벧전 2:8)고 했다. 이에 대하여 워필드는 이렇게 말했다.

> 성경 저자들은 좋지 않은 추론이 생길까 걱정하여 선택교리를 모호하게 표현하지는 않는다. 오히려 그러한 추론들을 자주 사용하고 있고 그 추론을 그들 가르침의 중요한 부분으로 만들고 있다. 예를 들면 그들은 선택 교리를 거리낌 없이 자유롭게 우리에게 말하는데 선택 교리가 확실히 그에 상응하는 '간과(유기)교리'(acorresponding doctrine of preterition)를 포함하고 있다고 가르치고 있다.[83]

이상(以上)이 바로 예정에 대한 성경의 교리이다. 앞에서 살펴본 바와 같이 칼 바르트의 신학은 중대하게 왜곡되어(gravely perverted) 있다. 결론적으로 말해 그의 '신적 속죄 계획'(the divine design of the atonement)이라는 교의는 전혀 타당하지 않다. 하나님께서 그

---

83) "Predestination" in ***Biblical Doctrines***, p. 64.

아들의 죽음을 통해 모든 사람을 구원하기로 목적하셨다는 바르트의 교의는 결코 성경 기준을 통과할 수가 없다. 성경의 가르침은 그것과는 전혀 다르기 때문이다.

제4장
성경적 제한속죄

제한속죄를 인정하는 하나님의 말씀
그리스도의 구원 사역을 더 높이는 제한속죄

제4장 성경적 제한속죄

구속의 신적계획에 관한 배타적(제한적) 견해는 위대한 신학자들과 설교자들이 교훈했던 주제이다. 그들 중에는 어거스틴, 위클리프, 루터, 칼빈, 낙스, 조나단 에드워드, 횟필드, 스펄전, 찰스 하지, 알렉산더 하지, 케스퍼 위스타 하지, 톤웰, 카이퍼, 바빙크, 워필드 그리고 메이첸 등이 있다.

이 제한속죄는 개혁주의 대표자들이 모인 도르트 종교회의에서 알미니안주의를 배격하기 위해 주창되었다. 제한속죄는 모든 개혁주의 신경들을 통하여 교훈되었고 특별히 웨스트민스터 신앙고백서에서 개혁주의 신앙이라고 알려진 교리 체계의 가장 본질적인 요소로 교훈되고 있다. 오늘날 이 교리는 이름뿐만 아니라 실제적으로 일관성 있는 모든 개혁주의 신학자들과 개혁주의 교회와 장로교단들에 의해서 주창되고 있다.

간략히 말하자면 구속에 대한 신적 계획의 배타적(제한적) 견해는 하나님께서 오직 선택자들을 구원하기 위하여 속죄를 계획하셨고 그 결과 모든 선택자 그들만 구원을 받게 된다는 것이다. 웨스트민스터신앙고백서 제3장은 다음과 같이 진술하고 있다.

> 하나님께서 택한 자들을 영광에 이르도록 작정하신 것처럼 그는 그의 영원하고 가장 자유로운 뜻과 의사에 의하여 그것을 위한 모든 방법(수단)들을 미리 정하셨다. 그러므로 선택받은 자들은 아담 안에서 타락했으나 그리스도로 말미암아 구속받으며 때를 따라서 역사하시는 성령으로 말미암아 그리스도 안에서 유효한 부르심을 받아 믿음에 이르게 되며, 의롭다 함을 받고, 양자되며, 성화되고 그리고 믿음을 통하여 구원에 이르기까지 그의 능력으로 보호된다. 이처럼 오직 택함 받은 자 외에는 다른 아무도 그리스도로 말미암아 구속받거나 유효한 부르심을 받거나, 의롭다 함을 받거나, 양자되거나, 성화되거나, 구원받지 못한다.[84]

계속해서 제8장은 다음과 같이 말한다.

> 주 예수는 완전하게 순종하며 영원한 성령을 통하여 단번에 자신을 하나님께 제물로 드림으로써 그 아버지의 공의를 충분히 만족시키셨다. 성부께서 그에게 주신 모든 자들을 위하여 화목뿐만 아니라 하늘나라에서 얻을 영원한 기업을 값 주고 사시었다. 그리스도께서는 값을 치르고 구속한 모든 사람들에게 그 구속을 확실하고도 효과 있게 적용하고 전달하며 그들을 위하여 대언하고 말씀을 통해서 그들에게 구원의 비밀들을 계시하며 그의 성령에 의하여 효과적으로 그들을 설복하여 믿고 순종케 하며 그들의 심령을 말씀과 성령으로 주관하고 그들의 모든 원수들을 그의 전능하신 능력과 지혜로 물리치되 그의 기이하고 측량할 수 없는 섭리에 가장 부합하는 방법으로 하신다.[85]

---

84) III, 6.

도르트 신조 역시 다음과 같이 가르친다.

> 그리스도의 죽으심은 모든 택함 받은 자들이 생명을 얻어 구원받도록 하는 하나님의 가장 은혜로운 뜻과 목적으로 이루어졌다. 하나님께서 택함 받은 자들에게 믿음으로 의롭다 하는 이 선물을 준 것은 그들에게 완전한 구원을 주시기 위한 것이다. 즉 그리스도께서 십자가상에서 피 흘림으로 새 언약을 확증하셔서 모든 사람들을 구원토록 한 것은 하나님의 뜻이었다. 오직 하나님의 뜻으로 말미암아 그리스도께서는 사람들에게 성령의 구원 능력과 함께 모든 것을 주며 십자가에서 죽으심으로 그들을 속량해 주셨다. 따라서 그리스도께서는 믿기 전과 후에 지은 모든 죄악들을 그것이 원죄이든 실제적인 죄이든 깨끗하게 하며 세상 끝 날까지 흠 없이 신실하게 보존해 주셔서 하나님께서 영원토록 그 영광을 즐거워하도록 하시는 것이다.[86]

본 장에서 제한속죄 교리는 하나님의 말씀 아래에서 다루어질 것이며 때때로 무제한주의나 일관성 없는 보편구원론과 비교 대조할 것이다. 구속의 신적 계획에 대한 개혁주의 교리의 영광은 두 종류로 변증될 수 있다. 따라서 우리는 이 주제에 대해 말하고 있는 모든 성경적 자료를 정확하게 다루고 그렇게 함으로써 속죄의 본질적인 가치를 극명하게 드러내고자 한다.

제한속죄를 인정하는 하나님의 말씀

구속 계획의 배타적 견해가 성경 전체와 조화를 이루고 있다는

---

85) VIII, 5, 8.
86) 둘째 교리, 8항.

사실은 이미 밝힌 바 있다. 이제 이것이 성경에 분명하게 교훈되어 있는 사실임을 증명할 차례이다. 여호와의 천사가 나사렛의 요셉에게 나타나서 마리아가 잉태한 것은 성령으로 잉태된 것이니 마리아 데려오기를 두려워하지 말라고 말했을 때 천사는 다음과 같은 말씀을 덧붙였다. "아들을 낳으리니 이름을 예수라 하라 이는 그가 자기 백성을 저희 죄에서 구원할 자이심이라 하니라"(마 1:21).

그리스도의 선한 목자 비유에서 그리스도께서는 그의 양들을 위하여 자신의 목숨을 버리실 것이라고 말씀하셨다(요 10:11, 15). 당신의 제자들을 향해서는 "사람이 (그의) 친구를 위하여 자기 목숨을 버리면 이에서 더 큰 사랑이 없나니"(요 15:13)라고 말씀하셨다. 사도 바울은 에베소 장로들에게 그리스도께서 그의 피로 교회를 사셨다(행 20:28)고 선포했으며 에베소에 있는 신자들에게는 "그리스도께서 교회를 사랑하고 위하여 자신을 주셨다"(엡 5:25)고 말했다. 사도 바울이 로마에 있는 그리스도인들에게 "자기 아들을 아끼지 아니하고 우리 모든 사람을 위하여 내어 주신 이"(롬 8:32)라고 말했을 때 그 전후 문맥으로 보자면 바울은 특별히 택자들을 가리키고 있는 것이다.

우리가 지금까지 인용한 모든 구절들은 다 명백하다. 다른 본문에서 그리스도는 아버지께서 자신에게 주신 자들 이외 다른 자들을 위하여 생명을 내어 주지 않았음을 가르치고 있다. 그의 대제사장적 기도에서 그리스도는 다음과 같이 말씀하셨다. "내가 비옵는 것은 세상을 위함이 아니요 내게 주신 자들을 위함이니이다"(요 17:9).

그리스도의 희생제사적 사역과 그의 중보자적 사역은 모두 다 제사장적 사역들이며 그의 속죄 사역의 두 국면을 보여준다. 따라서 하나의 범위가 다른 범위보다 더 클 수 없다. 만일 그리스도가 하나님께서 자신에게 주신 자들만을 위해 배타적으로 기도했다면 그들만을 위해서 피를 흘리신 것이 된다.

무제한적 구원론이나 일관성 없는 보편구원론은 성경의 명백한 교훈을 부인하는 것이다. 예를 들면 전자는 악인의 영원한 형벌에 대한 명백한 성경의 교훈을 부인하는 것이며 후자는 인정하든 그렇지 않든 신적 목적의 유효성에 대한 성경의 교훈을 부정하는 것이다. 이 견해들은 그들의 부인에 따라 일어서든 무너지든 할 것이다. 제한속죄에서는 이러한 견해를 가르치지 않기 때문이다. 그것 자체를 유지하기 위해 성경의 그 어떤 진리라도 부인해서는 안된다. 구속의 신적 계획에 대한 배타적 견해는 거룩한 성경에 기록된 전체 교훈과 완전한 조화를 이룬다.

성경의 몇 가지 탁월한 가르침에 대해 언급하는 것만으로 이 사실을 예증할 수 있다. 속죄에 대한 신적 계획의 배타적 견해는 하나님의 주권을 극명하게 드러낸다. 하나님의 목적은 인간에 의해 좌절될 수 없다. 하나님의 계획은 사람의 동의에 의해 좌우되지 않는다. 하나님의 경륜은 확실히 서며 하나님은 그의 기쁘신 뜻 가운데 행하신다. 따라서 하나님께서는 그 아들의 죽음을 통하여 구원하기로 작정한 모든 자들을 하나도 빠짐 없이 구원하실 것이다.

하나님께서 구원하기로 계획하신 자와 구원받을 자는 동일인물이다. 십자가의 보혈로 택자를 구원하시는 하나님의 목적에 대하여 도르트 신조는 다음과 같이 설명하고 있다. "택함 받은 자에게 이 영원한 사랑을 베푸신 뜻은 옛날부터 지금까지 지속되어 왔으며 그 모든 사람의 훼방에도 불구하고 여전히 계속되어갈 것이다."[87]

속죄에 대한 신적 계획의 배타적 견해는 구속 언약이라는 성경의 진리와 완전한 조화를 이룬다. 영원 전부터 삼위 하나님께서는 사람이 이루 셀 수 없는 자들의 구원을 계획하셨다. 이 계획의 본질적 요소는 하나님 아버지께서 그의 아들에게 구원받을 모든 자들을 주신 것에 있다. 구주께서도 아버지께서 그에게 주신 자들에 대해 언급하였다. 그의 대제사장적 기도에서 그리스도는 그들과 세상을 분명히 구분하였고 그들을 영생의 후사가 될 자라고 밝히셨다.

> 저희는 아버지의 것이었는데 내게 주셨으며 … 내가 저희를 위하여 비옵나니 내가 비옵는 것은 세상을 위함이 아니오 내게 주신 자들을 위함이니이다. … 거룩하신 아버지여 내게 주신 아버지의 이름으로 저희를 보전하사 우리와 같이 저희도 하나가 되게 하옵소서. 내가 저희와 함께 있을 때에 내게 주신 아버지의 이름으로 저희를 보전하와 지키었나이다. 그 중에 하나도 멸망치 않고 오직 멸망의 자식뿐이오니 이는 성경을 응하게 함이니이다(요 17:6, 9, 11, 12).

이 부분에 있어서 칼빈은 아래와 같이 주석한다. "여기서 유다는 이유 없이 제외된 것이 아니었다. 유다는 택자 가운데 한 사람이 아니었고 하나님의 참된 양떼도 아니었지만 그가 받은 직무의 존엄

---

[87] 둘째 교리, 9항.

성으로 인해 여기에 나타난 것이다. 실제로 그가 고귀한 직무를 지니고 있었음을 부인할 자는 아무도 없을 것이다." 칼빈은 유다가 "멸망의 자식"이라 불리었다는 사실에 주목하여 이 주석을 더욱 구체화시킨다. 칼빈은 계속해서 다음과 같이 설명한다. "이 말은 사람들의 목전에서 급작스럽게 발생한 유다의 멸망을 이미 하나님께서 오래 전에 알고 계셨다는 것이다. 히브리 숙어에 의하면 멸망의 자식은 멸망에 이르는 또는 멸망에 바쳐진 자를 의미한다."[88]

그리스도의 의심할 여지없는 교훈으로부터 잘 정의된 칼빈의 요점은 하나님 아버지께서 그에게 주신 자들 가운데 멸망에 이르는 자는 존재할 수 없다는 것이다. 그가 위하여 생명을 버릴 양들에 대해 그리스도는 다음과 같이 말씀하셨다. "내가 저희에게 영생을 주노니 영원히 멸망치 아니할 터이요 또 저희를 내 손에서 빼앗을 자가 없느니라 저희를 주신 내 아버지는 만유보다 크시매 아무도 아버지 손에서 빼앗을 수 없느니라"(요 10:28, 29).

구주 예수께서는 또 다시 다음과 같이 말씀하신다. "나를 보내신 이의 뜻을 행하려 함이니라 나를 보낸 이의 뜻은 내게 주신 자 중에 내가 하나도 잃어버리지 아니하고 마지막 날에 다시 살리는 이것이니라"(요 6:39). 여호와의 종인 성자께서는 그에게 주신 자들의 죄악을 담당하기 위해(이사야 53:11) 그의 생명을 버리고 그들을 위해 구원의 사역을 완전히 성취하기 위한 사명을 받으셨다(요 10:18, 17:4).

---

[88] 요한복음 주석, loc. cit.

속죄에 대한 신적 계획의 배타적 견해는 성경의 선택 교리에 의한 필연적인 결과이다. 만일 하나님께서 창세전 타락한 인류 가운데 구원할 특정한 자를 선택하고 예수 그리스도로 말미암아 양자로 삼기를 계획하셨다면(엡 1:4, 5) 하나님께서는 그리스도 안에서 택하신 자들을 그리스도에 의하여 반드시 구원하실 것이다. 이것은 너무나 당연하고 필연적인 결과가 아닌가? 그의 『조직신학』에서 찰스 하지는 이 점을 분명히 하기 위해 기독교 교리의 역사를 인용한다.

> 그리스도께서 특별히 택자들을 위해 돌아가셨다는 것은 선택교리 그 자체를 부정하기 전까지는 결코 부인된 적이 없다. 사도 바울의 추종자이자 해설자인 어거스틴은 하나님께서 그의 선하신 뜻 가운데 어떤 이들을 영생으로 택하셨다고 가르쳤으며 그리스도께서 바로 그들을 위해 이 세상에 와서 고난을 받으며 돌아가셨음을 주장했다. 그리스도께서는 자신의 보혈로 그들을 산 것이다. 선택 교리를 부인하는 반 펠라기우스주의자들은 물론 그리스도의 죽음이 한 쪽 부류의 사람들을 위한 것임을 부인한다. 라틴 계열의 교회는 어거스틴의 선택 교리를 견지하는 한 그리스도 죽음의 목적과 대상에 대하여 어거스틴의 입장을 지지한다. 중세시대를 통하여 이것은 서방 교회 반 펠라기우스 계열의 발전에 저항한 자들의 독특한 교리였다. 종교 개혁과 루터파시대에는 그들이 한 쪽 교리를 견지한다면 당연히 다른 쪽 교리도 지지함을 의미했다. 선택 교리를 견지했던 개혁주의 교회는 그리스도의 사역이 모든 인류를 위한 것이라는 교리를 신실하게 배격해 왔다. 그것은 알미니우스의 가르침 아래 네덜란드에서의 항의파들(the remonstrants)이 원죄의 교리와 전적 무능력의 교리, 선택과 성도의 견인 교리 그리고 속죄 사역이 하나님의 특별한 백성들에게만 적용된다는 교회의 교리를 부인할 때까지만 그러했다. 따라서 그리스도 사역의 목적에 대한 선택 교리와 어거스틴 교리가

불가분의 관계에 있다는 것은 역사의 문제였다.

하지는 계속해서 다음과 같이 말한다.

> 이것은 역사적인 문제이기 때문에 또한 논리적인 문제이기도 하다. 하나의 교리는 필연적으로 다른 교리와 관계한다. 만일 하나님께서 영원 전부터 인류의 모든 부분이 아니라 일부분만을 구원하기로 결정하셨다면 구원의 계획이 모든 인류에게 다 적용된다고 말하는 것과 하나님 아버지께서 구원하지 않기로 결정한 자들을 위하여 그의 아들을 보내셨다고 말하는 것은 모순이 된다. 하나님께서는 영생의 후사를 목적으로 선택한 백성들을 위하여 그 아들의 생명을 내어주신 것이다.[89]

속죄에 대한 신적 계획의 배타적 견해는 하나님의 특별하신 사랑이라는 성경적 교훈과 완벽한 조화를 이루고 있다. 우리는 종종 칼빈주의자들이 하나님께서는 모든 사람을 대하여 선하고 자비하지만 오직 택자들만 사랑하신다고 말하는 것을 듣게 된다. 그러나 성경에 의하면 조금도 주저함 없이 하나님께서 모든 사람을 사랑하신다고 말한다.

예수님께서도 "너희 원수를 사랑하라 너희를 핍박하는 자를 위하여 기도하라 이같이 한즉 하늘에 계신 너희 아버지의 아들이 되리니 … 그러므로 하늘에 계신 너희 아버지의 온전하심과 같이 너희도 온전하라"(마 5 : 44, 45, 48)고 말씀하지 않으셨는가. 그러나 성경은 하나님께서 모든 사람을 동등하게 사랑하신다고 가르치지 않는다

---

[89] II, 547f.

는 것이다.

택자를 향한 하나님의 사랑은 다른 이들을 향한 사랑과는 질적으로 다른 것임을 밝힌다. "이 사랑은 지식을 초월하는 독특하고 신비적이며 주권적이고 측량할 수 없는 사랑으로서 그의 백성을 향한 사랑이며 천국에 그 이름이 기록된 장자 교회를 향한 사랑이다."[90] 우리 예수님께서는 "친구를 위하여 목숨을 버리면 이에서 더 큰 사랑이 없나니"(요 15:13)라고 말씀하셨다.

사도 바울은 "우리가 아직 죄인 되었을 때에 그리스도께서 우리를 위하여 죽으심으로 하나님께서 우리에 대한 자기의 사랑을 확증하셨다."(롬 5:8)라고 말한다. 특별히 택자에 대하여 바울은 "자기 아들을 아끼지 아니하고 모든 사람을 위하여 내어주신 이가 어찌 그 아들과 함께 모든 것을 우리에게 은사로 주지 아니하시겠느뇨"라고 말한다.

바울은 바로 다음에 이어서 "누가 우리를 그리스도의 사랑에서 끊으리요."(롬 8:32, 35)라고 말하고 있다. 사랑의 사도인 요한도 다음과 같이 말한다. "그가 우리를 위하여 목숨을 버리셨으니 우리가 이로써 사랑을 알고"(요일 3:16)라고 했다. 그는 계속해서 다음과 같이 말하고 있다. "사랑은 여기 있으니 우리가 하나님을 사랑한 것이 아니요 오직 하나님이 우리를 사랑하사 우리 죄를 위하여 화목제로 그 아들을 보내셨음이니라"(요일 4:10).

속죄의 계획에 관한 배타적 견해는 특별계시의 심장과도 같은

---

90) Ibid., II. 549.

은혜로 말미암는 구원을 구성하는 필수적 요소이다. 칼빈주의 5대 교리는 편협한 교조주의로 조소를 받아 왔다. 그러나 진실은 은혜로 말미암는 구원이 희석되지 않은 소중한 성경적 교리임을 드러낸다. 하나님의 은혜로 말미암는 구원, 오직 은혜로 말미암는 구원보다 성경에서 더 강조되는 교훈은 없다.

또한 교회가 역사를 통해서 유지시켜야 할 성경적 교리 가운데 이것보다 더 시련을 겪은 교리도 없다. 교회 역사를 보면 항상 이 교리에 타협하고자 했던 영향력 있는 지도자들이 등장했다. 그럴 때마다 교회는 수차례 경보를 울리곤 했다. 의심의 여지없이 은혜로 말미암는 구원은 이사야의 교훈이고 예수님의 교훈이며 바울과 베드로의 교훈이고 성경 전체의 교훈이다. 초대교회가 은혜로 말미암는 구원을 잃어버렸을 때 어거스틴이 그것을 재발견했다. 중세시대의 교회가 그것을 상실했을 때 루터와 칼빈이 그것을 다시 찾아냈다.

종교개혁시대의 교회들이 알미니안주의의 유혹을 받아 오직 은혜로 말미암는 구원으로부터 멀어지려 할 때 도르트 신조와 웨스트민스터 종교회의들이 그것을 재확인했다. 보다 최근에는 몇몇 개혁주의 교회와 장로교회들이 이 교리를 시대에 뒤떨어지는 구식의 교리로 취급하려 하자 하나님께서는 하지 부자들(The Hodges)과 제임스 톤웰(James H. Thronwell) 벤자민 워필드(Benjamin B. Warfield) 아브라함 카이퍼(Abraham Kuyper) 그리고 헤르만 바빙크(Herman Bavinck)를 세워 오직 은혜로 말미암는 교리를 변증했을 뿐만 아니라 그것을 드높게 하셨다.

오직 은혜로 말미암는 구원의 교리는 칼빈주의의 심장이며 성경과 기독교의 심장이기도 하다. 기독교는 그것과 함께 서기도 하고 넘어지기도 한다. 따라서 크든지 작든지 이 교리로부터의 일탈은 기독교로부터의 일탈을 의미한다. 성경 다음으로 이 은혜로 말미암는 구원 교리를 명백하게 표현한 것은 바로 칼빈주의 5대 교리이다. 칼빈주의 5대교리는 각기 긴밀하게 연결되어 있어서 서로에게 영향력을 미치며 서로를 지지하고 있다.

하나님은 영원 전부터 그의 주권적이며 선하신 뜻 가운데 그리스도 안에서 특정한 사람들을 영생으로 선택하셨다. 본질상 택자들은 다른 모든 사람들과 마찬가지로 스스로를 구원할 수 없는 전적으로 타락한 죄인들이다. 따라서 택자들을 구원하기 위해 하나님께서는 그의 아들을 세상에 보내사 그의 보배로운 피와 완전한 순종을 통하여 구속의 값을 지불하셨다.

그리스도께서는 속죄 사역을 통하여 택자들의 구원을 가능하게 했고 성령께서는 그들을 효과적으로 중생하게 하며 그들의 마음에 구원적 믿음을 역사하게 하신다. 하나님께서 선택하고 그리스도께서 구속하고 성령께서 구속을 적용하시는 자들에게 멸망은 전적으로 불가능해진다. 바로 이것이 칼빈주의 5대 교리이다. 이 5대 교리가 하나로 표현된 것이 바로 오직 주권적 은혜로 말미암는 구원 교리이다.

그리스도의 구원 사역을 더 높이는 제한속죄

속죄 사역의 신적 계획에 관한 배타적 교리의 영광은 일관된 성경적 특징 위에 놓여 있다. 그 영광이 속죄의 가치를 높인다는 것 역시 놀라운 일이 아니다. 성경이 묘사하는 속죄의 가치는 실로 놀라운 것이다. 제한 없는 보편구원론과 마찬가지로 일관성 없는 보편구원론은 칼빈주의보다 훨씬 더 속죄를 가치 있게 한다는 인상을 주는 것 같다.

왜냐하면 칼빈주의 속죄는 단지 일부분에게만 적용되지만 보편구원론은 모든 사람을 위한 속죄를 주장하기 때문이다. 보편구원론은 개혁주의 신앙의 제한속죄 교리와는 대조적으로 전 우주적이며 한계가 없는 속죄를 찬미한다. 그러나 이러한 자랑과 찬미는 모두 헛된 것일 뿐이다.

칼빈주의는 오직 정해진 숫자만이 영원한 도성의 문을 통과할 것이라고 말하는 반면 일관성 없는 보편구원론은 엄청나게 많은 사람들이 구원에 이른다고 주장한다. 칼빈주의와 바르트나 알미니안주의자들에 의해 주창되는 일관성 없는 보편구원론은 모두 주 예수 그리스도를 믿는 자들만 구원 받는다고 말한다.

이점에 있어서는 결코 아무런 차이도 없다. 참되게 회개하는 죄인이라도 택자의 수효에 포함되지 않으면 구원받지 못한다 말하는 것은 칼빈주의를 향한 너무나도 어리석은 도전이다. 참된 회개는 반드시 효력을 발생한다는 것이 칼빈주의의 절대적인 가르침이다.

"내게로 오는 자는 내가 결코 내어 쫓지 아니하리라"(요 6:37)는 그리스도의 말씀은 칼빈주의 설교자들이 가장 애호하는 구절 가운데 하나이다. 칼빈주의자는 모든 택자들이 모이게 될 때 그들은 거대한 무리가 될 것이요 바닷가의 모래알처럼 밤하늘의 별들처럼 이루 셀 수 없을 정도로 많은 숫자가 될 것이라는 성경적 인증을 기뻐하고 즐거워한다. 쉐드는 그의 『조직신학』(Dogmatic Theology)에서 이렇게 말하고 있다.

> 그리스도의 속죄가 그 적용에 있어 제한적이라고 말하는 것은 효과적으로 적용되는 사람의 숫자가 고정되고 확정적인 숫자임을 의미한다. 이 확정적이라는 개념은 결코 그 숫자가 적음을 의미하지는 않는다. 선택과 구속의 집단은 실제로 원주가 될 것이며 필연적으로 적은 숫자가 되지는 않을 것이다. 이 원주 밖에 있는 자들은 결코 구원에 이르지 못한다. 모든 양떼들은 반드시 우리 안에 있어야 한다. 그러나 이 원주는 세상의 원주가 아니라 천국의 원주이다.[91]

앞서 언급했지만 메이첸은 고린도후서 5장 14절과 15절 본문 그의 설교에서 그 특유의 비길 데 없는 다정한 방법으로 속죄의 계획에 관한 개혁주의 교리를 침울한 알미니안주의의 그것과 대조한다. 그는 이렇게 쓰고 있다.

> 사람들은 칼빈주의가 완고하고 어려운 신조라고 말한다. 그들은 그리스도께서 십자가에서 모든 사람을 위하여 동등하게 죽으셨다고 가르치는 보편적인 속죄 교리야말로 정말 광대하고 위로를 주는 교리라고 생각한다. 그들은 칼빈주의가 편협하고 가혹한 교리라고 입

---

[91] II, 474.

을 모은다. 그들은 그리스도께서 오직 택자들만을 위해 돌아가셨고 구원받지 못할 자를 위해 죽으신 것이 아니라는 '칼빈주의 5대 교리' 가운데 하나인 '제한속죄' 교리를 편협하다 말한다.

메이첸은 계속해서 이렇게 썼다.

> 그러나 사랑하는 내 친구여, 사람들이 그렇게 말하는 것이 얼마나 놀라운 일인지 알고 있는가? 보편구원론적 속죄 교리가 위로를 준다고 말하는 것은 정말 놀라운 일이다. 사실상 이것만큼 우울하고 실망스러운 교리가 없는데도 말이다. 이 교리가 보편적 속죄 교리가 아니라 단지 우주적 구원 교리라고 했다면 의심의 여지없이 위로가 되었을 것이다. 그러나 전 우주적 구원 교리가 없는 보편적 속죄 교리는 실제로 냉랭하고 우울한 교리이다. 그리스도께서 모든 사람을 위해 죽으셨는데도 모든 사람이 구원받지 않는다고 말하는 것이나 그리스도께서 많은 사람들의 인성을 위해 죽으셨고 그 많은 사람 가운데 비교적 수용성이 강한 사람에 의해 선택이 좌우된다고 말하는 것은 복음의 달콤함과 기쁨을 제거해 버리는 것과 같다. 우리는 알미니안 신앙고백의 차가운 보편구원론으로부터 개혁주의 신앙의 따듯하고 부드러운 개인주의 신앙고백으로 돌아서야 한다. 바로 이것이야말로 하나님의 거룩하신 말씀에 입각한 신앙고백이라고 믿는다. 우리는 그리스도의 십자가를 묵상할 때 "그리스도께서 많은 사람을 위해 죽으셨고 내가 그 많은 사람 가운데 있으니 얼마나 감사한가"라고 말할 것이 아니다. "그리스도께서 나를 사랑하셨고 십자가에 달려 고난을 당할 때 기꺼이 나를 위해 죽을 만큼 나를 생각하셨으니 얼마나 감격할 일인가" 라고 말할 수 있음을 하나님께 감사해야 한다.[92]

칼빈주의는 하나님께서 그 아들의 죽음을 통해 구원하기로 계획하신 숫자가 제한적임을 믿는다. 그러나 이것이 속죄의 본질적인

---

92) *God Transcendent and Other Sermons*, p. 136.

가치까지 훼손하지는 않는다. 이는 너무나도 중대한 사실이다. 일관성 없는 보편구원론은 속죄의 효용성을 심각하게 제한한다. 알미니안주의는 속죄 사역이 구원을 실현하지 못한다고 가르친다. 이미 지적했듯이 알미니안주의 구원은 인간 의지에 의해 좌우된다.

그러나 이와 반대로 칼빈주의는 속죄 사역이 실제로 구원하기로 의도했던 모든 자를 구원한다고 가르친다. 따라서 속죄의 신적 계획에 관한 칼빈주의 교리는 알미니안이나 바르트가 모든 사람들이 구원받을 것이라는 결론을 내지 않고는 받아들일 수 없는 것이다. 그러므로 복음적 알미니안은 즉시 이 입장을 배격할 것이다. 절대적인 보편구원론에 상당 부분 기대고 있으나 그것을 전적으로 수용하지는 않는 바르트 역시 이 입장을 취할 수 없다. 따라서 결론은 명확해진다. 세 가지 입장 가운데 칼빈주의만이 속죄의 참된 유효성을 교훈하고 있는 것이다.

그렇다면 칼빈주의가 주장하는 속죄가 실제로 구원한다고 말하는 것은 무엇을 의미하는가? 그리스도께서는 그의 수동적 순종, 즉 그의 고난[93]에 나타난 순종, 특별히 십자가에 달려 돌아가신 그의 죽음으로 택자들의 죄를 완전히 속하셨다. 따라서 그들에게 더 이상 정죄는 없으며 앞으로도 없을 것이다. 그뿐만 아니라 그리스도께서는

---

[93] 신학자들이 그리스도의 고난에 나타난 그의 순종을 "수동적"이라고 묘사할 때 그것은 라틴어 pati 즉 '고난당하다'를 염두에 둔 말이며 이 말은 그리스도께서 그의 고난에 있어서 능동적이지 않으셨음을 의미하는 것이 아니다. 그리스도께서는 "우리를 위하여 목숨을 버리셨기 때문"에 그의 죽음을 통해서도 능동적이었다(요일 3:16).

그의 능동적 순종 즉, 그리스도의 삶에 나타난 하나님의 율법을 온전히 성취하신 완전한 순종으로 택자들의 영생을 위한 긍정적인 혜택을 성취하셨다.

따라서 분리될 수 없는 그리스도의 수동적이며 능동적인 순종이 속죄를 구성하며 이것을 통해 그리스도께서는 택자를 위한 완전한 구원을 완성하셨다. 그렇다고 해서 택자들이 자동적으로 구원받는다고 생각해서는 안된다. 그들을 구원으로 인도하기 위해 하나님께서는 그들을 이성적이며 도덕적인 존재로 취급하신다. 즉, 자유로운 사람으로 인정하시는 것이다.

따라서 하나님께서는 그들에게 주 예수 그리스도 안에 있는 믿음을 요구하신다. 속죄는 그들이 믿음의 선물을 받을 것임을 보증한다. 중생과 믿음이라는 구원의 도덕적 혜택은 속죄의 열매이자 칭의의 법적인 혜택들이다. 환언하면 그리스도는 속죄 사역을 통하여 성령께서 택자들에게 거듭남과 구원받는 믿음을 갖도록 역사하신 것이다. 더 나아가 성화와 견인이라는 도덕적 혜택들은 속죄에 의해 보증되며 그것으로부터 흘러나오는 것이다. 궁극적 영광도 이와 마찬가지이다.

이 모든 것들이 사도 바울의 선포 안에 요약되어 있다. "또 미리 정하신 그들을 부르시고 부르신 그들을 또한 의롭다 하시며 의롭다 하신 그들을 또한 영화롭게 하셨느니라 ... 자기 아들을 아끼지 아니하고 우리 모든 사람을 위하여 내어주신 이가 어찌 그 아들과 함께 모든 것을 우리에게 은사로 주지 아니하겠느뇨?"(롬 8 : 30 , 32). "모든 것"이라는 표현은 우주에 존재하는 모든 것을 의미하지 않는다. 그것은 본문 정황에 비추어볼 때 "예수 그리스도를 내어주심에 발원한 모든 수여 즉, 하나님 사랑의 집합체인 구원적 축복이 그리스도 안에서 우리에게 나타난 것"을 뜻한다.[94]

요약하자면 속죄는 모든 택자들의 구원을 완전히 확정할 뿐만 아니라 속죄로 말미암아 생산되는 다른 부분의 실현까지도 포함한다. 웨스트민스터 대요리문답은 이렇게 말한다. "그리스도께서 그의 중보로 구속과 은혜 언약에 포함된 모든 다른 혜택들을 획득하셨다."[95]

알미니안주의자인 보스톤 대학의 헨리 셸던은 말한다. "우리의 논쟁은 영생을 위한 배타적이며 무조건적인 선택교리를 반대함에 있어 구원의 기회가 우주적이라는 것을 주장한다."[96] 이에 대해 워필드는 다음과 같이 논평한다.

> 이 선언에 있어서 주목할 것은 두 가지이다. 첫째 웨슬리주의 특징으로서의 보편구원론에 대한 의식적인 강조이다. 둘째 하나님께서 구원 받기를 기대하는 모든 자에게 필연적으로 구원의 기회를 제공하신다는 의식이다. 헨리의 실질적 주장은 하나님께서 인류의 일부만을 구원하는 것이 아니라 아예 아무도 구원하지 않는다는 것이다. 하나님께서는 모든 자에게 구원의 길만 열어주실 뿐이며 만일 구원 받는다면 반드시 그들 스스로 구원해야만 한다는 의미이다. 따라서 하나님께서 모든 사람이 구원받기를 기대하신다고 말하면서 모든

---

94) *Meyer's Commentary on the New Testament*, loc. cit.
95) 제57문답.
96) *System of Christian Doctrine*, 1903, p. 417.

사람이 다 구원받지는 않는다고 말한다면 하나님을 실제 구원능력이 부족한 자로 만드는 것이다. 왜냐하면 하나님이 제공하신 최소한의 기회 이상으로 구원에 필요한 요건을 확보할 자가 없기 때문이다.[97]

속죄의 계획에 관한 이 견해와 개혁주의 입장의 날카로운 대조를 통해 워필드는 하나님께서 속죄를 통해 구원할 것을 계획하셨으며 모든 자들이 실제로 구원받는다는 사실을 강조하고 있다. 모든 사람이 구원 받을 "동등한 기회"를 가질 권리가 있다는 대중적 개념에 대해 워필드는 이렇게 답한다.

> 이제 우리 마음속에 영원히 확증하자. 인간이 구원을 주장할 권리는 전혀 없다는 것을 말이다. 자기 자신을 구원할 '기회'는 전혀 구원의 '기회'가 아니다. 만일 인류 중에 그 어떤 죄인이라도 구원을 받는다면 그것은 철저하게 전능하신 은혜의 기적으로 말미암는 것이다. 이것은 요구할 수 없으며 단지 하나님의 설명할 수 없는 사랑의 위대하심을 묵상하고 감사해야만 할 것이다.[98]

워필드는 다음과 같은 설명으로 칼빈주의와 알미니안주의를 날카롭게 구분하는 경계를 설정한다.

> 이 문제는 실제로 매우 근본적인 문제이다. 우리를 구원하시는 자가 여호와 하나님이신가 우리 자신인가? 하나님께서는 우리를 실제 구원하는가 아니면 단지 구원의 길만 열어놓고 그 문에 들어갈지 말지에 대한 선택을 우리에게 맡기셨는가? 오직 전적으로 그리고 직접적으로 하나님께만 그의 구원을 두는 자가 복음주의자이다.[99]

---

97) *The Plan of Salvations*, p. 99.
98) Ibid., pp. 101f.
99) Ibid., p. 108.

구속의 계획에 관한 배타주의적 견해에 따르면 속죄는 구속의 실현을 가능하게 한다. 이것을 다른 말로 하면 죄인은 자기 자신에 의해서가 아니라 하나님에 의해서 오직 하나님으로 말미암아 구원받는 것이다. 바로 이것이 칼빈주의이고 기독교의 정수이기도 하다. 알미니안 보편구원론은 기독교로부터의 심각한 이탈이다. 따라서 제한속죄야말로 가장 일관성 있는 기독교이다.

앞서 특별한 구속 계획에 대한 내용들을 알미니안 보편구원론과 대조시켜 보았다. 그렇게 해야만 하는 이유가 있다. 역사적으로 속죄의 계획에 관한 개혁주의 교리는 네덜란드에서의 호된 알미니안 논쟁을 통해서 얻어졌기 때문이다. 이제까지 말한 모든 것이 바르트주의 보편구원론에 다 적용되는 것은 아니다. 예를 들면 "자력구원"(autosoterism)은 알미니안주의에는 적용되지만 바르트주의에는 적용되지 않는다. 알미니안주의에 의하면 구원적 믿음은 하나님의 선물이 아니라 중생받지 않은 사람도 가능한 인간 자유의지일 뿐이다. 이것은 인간 자체를 구세주로 만든다.

바르트에 의하면 믿음은 실제로 인간의 행동이다. 그러나 그 믿음에 앞서 성령 하나님에 의한 선물이 주권적으로 수여된다.100) 그렇다면 구원은 여호와께 속한 것이다. 이 점에 있어서 바르트는 은혜로 말미암는 구원이라는 성경적 교리에 동의하며 바로 이것이 그가 반복적으로 그의 신학에서 "은혜의 승리"를 주장하는 이유이다. 그럼에도 바르트주의는 알미니안주의와 마찬가지로 하나님께서 구원

---

100) *Die Kirchliche Dogmatik*, Ⅳ, Ⅰ, 826ff

하기로 계획하신 모든 자가 하나도 예외 없이 바로 그 속죄로 말미암아 구원받는다는 전제에 동의하지 않음으로 하나님의 주권적 사랑을 외면하고 있다. 이것 역시 개혁주의 신앙으로부터의 이탈이고 기독교로부터의 이탈이다.

특정한 부분에 있어서 바르트가 복음적 알미니안주의보다 성경적 속죄 교리로부터 더 이탈해 있다는 사실을 잊어서는 안된다. 의심의 여지없이 복음적 알미니안주의는 대속적 속죄를 가르친다. 그러나 이미 언급한 것처럼 바르트가 주장하는 속죄가 역사적 의미에서 대속적 속죄인지는 의문의 여지가 있다.

복음적 알미니안주의는 십자가에서의 그리스도 희생제사가 죄를 대적하시는 하나님의 진노를 완화했다고 가르친다. 신학적 자유주의와 마찬가지로 바르트는 하나님께서는 그 아들의 죽음을 통해 죄인과 화목할 필요가 없었지만 그들은 하나님과 화목 되었다고 주장한다. 복음적 알미니안주의는 모든 자가 다 구원받지 않는다는 사실을 확신한다. 따라서 그들은 절대적인 보편구원론을 부정한다.

반면에 바르트는 어떤 이들은 구원받지 못할 것임을 인정하면서도 마지못해 절대적인 보편구원론에 기우는 경향이 있다. 알미니안주의 예지적 믿음의 오류에 대한 바르트의 배격은 그가 알미니안주의보다 더 엄밀한 선택 교리를 견지하고 있다는 것을 증거하지 못한다. 모든 중요한 국면에 있어 그의 견해는 저급하다.

왜냐하면 바르트와 알미니안주의에 의하면 하나님께서 그 아들의 죽음을 통해 구원하기로 계획하신 모든 자들이 다 구원받는 것은 아니기 때문이다. 알미니안주의는 하나님께서 영생으로 미리 정하신 자들은 모두 구원받을 것임을 주장하는 반면 바르트는 이것에 대해 일관적이지 못하기 때문이다. 환언하면 역사적 알미니안주의는 보편적 선택이 아니라 변경할 수 없는 선택을 가르치는 반면 바르트는 변경할 수 없는 선택이 아니라 보편적인 선택을 가르치는 것이다. 이점에 있어서 알미니안주의는 성경적 근거를 가지고 있지만 바르트는 그렇지 못하다.

제5장
성경적 보편주의

보편적 적합성과 속죄의 충분성
일반은총
구원의 우주적이며 신실한 제공
온 세상의 구원

제5장 성경적 보편주의

 전 장에서는 개혁주의 교리 입장에서 속죄에 관한 신적 계획을 요약해 보았다. 개혁주의 신앙에 의하면 속죄에 관한 신적 계획은 실제로 중요한 국면에 있어 제한적이다. 그러나 개혁주의 신앙은 또 다른 우주적이며 보편적인 중요한 국면을 말하고 있다. 그것은 전혀 아무런 어려움 없이 속죄에 의한 특정한 혜택들 즉, 개인 구원 이외의 모든 것이 우주적이며 보편적이라는 사실을 보여준다.

 만일 그렇다면 하나님께서는 반드시 그렇게 되도록 계획하실 필요성을 가졌을 것이다. 혹시 하나님께서 그 아들의 죽음을 통해 택자를 구원하기로 계획했음에도 불구하고 속죄의 모든 결과들이 우연적이며 하나님이 목적하신 영역 밖에 있다고 말한다면 그것만큼 어리석은 일도 없을 것이다.

 하나님께서는 발생할 모든 일을 목적하셨으며 그 안에 속죄의 모든 열매들도 포함되어 있다. 그러므로 개혁주의 강단에서 말하는 그리스도께서 택자들을 위하여 돌아가셨다는 진술은 서투른 진술이라 할 수 있다. 만약 "위하여"라는 단어가 "대신하여"라는 의미라면 이 진술은 정확하다. 왜냐하면 그리스도께서 그들을 대신하여 고난을 받고 죄의 형벌을 당하셨기 때문에 그들은 그 형벌로부터 구원 받을 수 있는 것이다.

그러나 "위하여"가 "이익을 위하여"라면 그것은 적어도 부정확한 진술이다. 이는 속죄의 특정한 혜택들이 불택자들에게도 자연적으로 발생하기 때문이다. 이것 역시 신적 계획의 일부분이다. 따라서 찰스 하지의 아래와 같은 진술은 지극히 타당하다. "그러므로 여기에는 그가 모든 사람을 위하여 죽었다는 의미와 동시에 오직 택자만을 위하여 죽었다는 의미도 있다."[101]

우선 칼빈주의자들이 속죄의 우주적이며 보편적 계획이라는 성경적 교훈에 관해서 독점적이지 않다는 사실을 이해할 필요가 있다. 오직 칼빈주의자들만이 이러한 속죄의 우주적 성격을 견지하는 것은 아니라는 말이다. 알미니안주의자들이 복음의 무조건적 제공에 관심 있음을 기억해야 한다. 바르트가 모든 사람을 위한 속죄에 의문을 제기했다고 말하는 것은 터무니없는 일이다.

철저한 보편구원론자가 세상이 결국에는 구원받을 것이라는 진리를 간과하고 있다고 말하는 것은 상식을 벗어나는 일이다. 그럼에도 불구하고 칼빈주의자와 오직 그만이 엄밀한 배타주의 때문에

---

101) *Systematic Theology*, II, 546.

성경적 보편구원론에 가장 적합한 신학이라 평가된다. 속죄의 제한적 계획과 그것의 보편적 계획은 전혀 상충되거나 모순되지 않기 때문이다. 그렇다고 상호보완적인 것도 아니다. 그것들은 서로 지지하며 강화시켜준다. 종합적인 분석에 의하면 이 둘은 서로 완벽히 일치할 뿐이다. 칼빈주의자는 반드시 모순을 물리칠 수 있다. 그는 열정적인 제한주의자이기 때문에 열렬한 보편주의자가 될 수 있다.

보편적 적합성과 속죄의 충분성

찰스 하지는 다음과 같이 말하고 있다.

> 한 사람에게 적합한 것은 모든 사람에게 적합하다. 그리스도의 의와 순종과 죽음의 공로는 실로 모든 각 개인의 칭의를 위해 필요하다. 그러므로 인류 모두에게 필요한 것이다. 그것은 모든 각 개인에게 공통적으로 평등하게 필요하다. 그리스도께서는 모든 인간이 맺었던 언약의 조건들을 성취하셨다. 그는 요구된 모든 것에 순종하셨고 모든 사람들이 당해야만 했던 형벌의 고통을 당했다. 따라서 그의 사역은 모든 사람들에게 평등하게 적합하다.[102]

하지는 계속해서 그리스도의 대속에 대해 말한다.

> 그 가치는 희생의 위엄성에 좌우된다. 우리 죄를 위하여 스스로 희생 제물이 되신 하나님 아들의 위엄에는 제한이 있을 수 없다. 그러므로 그 사역의 공로적 가치를 제한할 방법은 없다. 어거스틴 식의 교리대로 그리스도께서 아주 많은 사람을 위하여 아주 많은 고난을 받았다

---

102) Ibid., II, 545.

고 말하는 것은 대단히 거친 표현이다. 이것은 마치 구원계획에 더 많은 사람이 포함되었다면 그리스도께서는 더 많은 사람을 위해 고난 받았을 것이라고 말하는 것과 같다. 이것은 지상에 있는 그 어떤 교회의 교리도 될 수 없는 미흡한 교리이다. 한 사람에게 충분한 것은 다른 모든 사람들에게도 충분하다. 그것은 마치 지구상에 오직 한 종류의 동식물이 있다 할지라도 태양의 충분한 빛과 열이 필요한 것과 같은 이치이다. 셀 수 없이 수많은 종류의 동식물과 마찬가지로 각각의 동식물에게 필요한 것은 태양의 동일한 빛과 열이다. 오직 한 영혼만이 구원의 대상이라 할지라도 그리스도께서 행하신 모든 일과 고난은 필요했다. 즉 아담의 모든 자녀들을 구원하기 위해 그리스도의 피 외에 다른 것은 더 이상 필요하지 않았다.[103]

도르트 신조는 이렇게 선언한다.

> 하나님 아들의 죽음은 죄에 대한 유일하고도 가장 완전한 희생제사와 만족이며 무한한 가치와 유용성을 지닌 것으로 온 세상의 모든 죄를 속량하기에 충분하다. 많은 이들이 복음으로 소명 받음에도 회개하지 않고 그리스도를 믿지 않으며 도리어 불신앙 가운데 멸망을 당한다. 그것은 그리스도께서 십자가에서 올리신 희생제사가 불충분하거나 그 안에 어떤 결점이 있어서가 아니다. 그것은 전적으로 그들에게 전가된 죄의 결과이다.[104]

만일 속죄가 모든 사람에게 적합하고 모든 이들에게 충분한 것이라면 하나님 계획에 대해 언급할 필요 없이 그렇게 되어야 한다. 그래서 오웬은 이렇게 말한다. "이것은 무한한 가치와 효과를 가진 그 아들의 희생 제사를 통해 모든 사람의 구속을 충분히 드리려 하는 하나님의 목적이요 의도이다."[105] 벌코프는 명료하지는 않지

---

103) Ibid., II, 544f.
104) Second Head of Doctrine, 3 and 6.

만 분별력 있게 다음과 같이 말했다.

> 신학자들은 그리스도께서 모든 사람을 위해 충분히 돌아가셨지만 오직 택자들에게만 효과적이라고 말하는 데 익숙하다.[106] 나중에 정통 신학자들이 이 어법을 채택했고 심지어 칼빈도 동일한 어법을 사용했다. 그러나 속죄 교리에 대한 광범위한 특별 연구가 진행된 후 개혁주의 신학자들은 일반적으로 속죄의 진리를 이런 형태로 진술하는 것을 거부했다. 왜냐하면 이 표현은 모든 사람이 그리스도의 속죄적 죽음에 적절하고 효과적인 참여자가 되어야 한다는 인상을 주기 때문이다. 따라서 그리스도의 죽음을 그의 계획과 목적으로부터 분리해서 객관적으로 보면 모든 사람을 위한 충분한 죽음이지만 오직 택자들에게만 유효한 것이 된다.[107]

벌코프가 속죄는 모든 사람을 위해 충분하게 계획되었다고 말한 것은 강조할 필요도 없다. 하나님께서는 분명히 확실하게 그것을 계획하셨고 그것을 목적하신 것이다.

일반은총

일반은총에 대한 개혁주의 교리는 아직 완전하게 정립되지 않았다. 그것은 아직 발전 단계에 있다. 코넬리우스 반틸이 이 주제에 대해 몇 가지 논문을 써서 공헌했다. 이것은 『웨스트민스터 신학저널』(*Westminster Theological Journal*)에서 처음으로 발표되었고 그

---

105) *The Death of Death in the Death of Christ*, Philadelphia, 1865, IV, I, I.
106) *Sufficienter Pro omnibus, sed efficaciter tantum pro electis.*
107) *Vicarious Atonement through Christ*, Wm. B. Eerdmans Publishing Co., Grand Rapids, 1936, p. 176.

이후 단행본으로 출판되었다.108) 그리고 코넬리우스 반틸의 일반은 총에 대한 제임스 단의 평가가 『은혜의 신학』(*A Theology of Grace*)이란 단행본으로 출간되었다.109)

하나님께서 오래 참으시는 가운데 의로운 심판의 어마어마한 진노를 아직 유기자에게 쏟아 붓지 않으시며 모든 사람의 "구주" 즉, 보존자로서 오래 참고 계시다는 것을 지적할 필요가 있다(딤전 4:10). 즉 지금 하나님께서는 관용을 베풀고 계시다는 말이다. 성경은 이에 대해 그의 적들을 포함하는 모든 사람을 향한 "사랑"이라고 말하기를 조금도 주저하지 않는다. 하나님께서는 특정한 축복을 그들에게도 베푸신다.

예를 들면 하나님께서는 햇빛과 비를 모든 사람에게 내리신다(마 5:43-48). 또한 인간 사회가 여전히 질서 있는 사회가 되도록 유기자들의 죄를 억제하신다(창 6:3, 20:6). 또한 중생 받지 못한 자에게 과학이나 예술과 같은 자연적 재능을 주시며(창 4:20-22) 시민적 공익을 위하여 특정한 덕목들을 부여하신다(눅 6:33).

하나님께서는 그를 믿고 사랑하며 영적 유익을 아는 그들이 선함을 수행하지 못하더라도 그들에게 이런 은총을 베풀어 죄를 억제하고 사회를 유지시킨다. 문제는 사람에게 향하는 하나님의 일반적 선하심을 "은혜"라고 부를 수 있느냐는 것이다. 그러나 구원적 은총

---

108) ***Common Grace***, The Presbyterian and Reformed Publishing Co., Philadelphia, 1947.
109) Wm. B. Eerdmans Publishing Co., Grand Rapids, 1954.

과 일반은총의 차이는 양적 차이가 아니라 질적 차이이다. 어느 정도의 질량을 갖는 그 어떤 일반은총도 한 줌의 구원적 은혜와 동일할 수는 없다.

이제까지 언급한 것은 일반은총 교리에 대한 완전한 진술이 아니며 본 주제에서의 논의 역시도 완전한 진술을 요구하지 않는다. 지금 우리가 논의하는 주제는 하나님 일반은총의 축복이 과연 속죄의 결과인가 하는 것이다.

적지 않은 개혁주의 신학자들이 이러한 질문과 씨름하는 것에 부끄러움을 느낀다. 그러나 성경이 계속해서 교훈하는 것은 하나님께서 의인을 위하여 악인에게도 자비를 베푸신다는 사실이다. 하나님을 향한 아브라함의 도고적 기도에 대한 응답은 하나님께서 그곳에 오직 의인 10명이 있다면 바로 그들을 위하여 소돔을 보존하실 것이라는 확신을 가지게 했다(창 18:32). 그의 제자들에게 하신 "너희는 세상의 소금이니"(마 5:13)라는 말씀은 백성의 존재를 위해 하나님께서는 맛을 잃고 타락한 이 세상을 아직 그의 입에서 뱉어내시지 않는다는 암시이다. 이 성경 말씀의 교훈은 속죄와 하나님의 일반은총 사이에 존재하는 관계성을 보여준다.

헤르만 카이퍼는 『칼빈의 일반은총론』(Calvin on common Grace)에서 "칼빈은 불택자가 그리스도의 중보자적 역사 즉 하나님 자녀들이 획득한 특정한 열매를 한정된 이 지상 생애에서 누린다는 것을 믿는 듯한 인상을 풍기지 않았다."고 조심스럽게 말한다. 그는 계속해서 다음과 같이 말한다. "**칼빈**은 위하여 십자가에 돌아가신 그리스도께서 백성을 위해 준비한 식탁에서 떨어지는 부스러기들을 경건치 못한 자들이 받을 수 있다는 사상을 제시하지 않는다."110) 이에 대해 벌코프는 다음과 같이 말한다.

> 개혁주의 신학자들은 일반적으로 그리스도의 속죄적 피로 말미암은 이러한 축복들을 회개하지 않는 자와 유기자들을 위해 흘리셨다고 말하는 것을 주저한다. 동시에 그들은 그리스도의 죽음을 통하여 모든 인류에게 발생하는 중요한 자연적 은택들을 믿지 않는 자들과 회개치 않는 자들 그리고 유기자들이 공유한다고 믿는다.111)

이와 관련하여 그는 다음과 같이 윌리엄 커닝햄을 인용한다. "그리스도의 죽음을 통해 관계 속에서 집합적으로 연결되어 있는 인류에게 많은 축복들이 쏟아진다."112) 그는 더 나아가 로버트 캔들리쉬도 인용한다. "최후의 심판이라는 시대는 상당한 교육을 받은 훌륭한 기독교 공동체의 구성원들뿐만 아니라 유기자 심지어 이방인의 인격과 운명에 영원한 영향을 끼치는 신체적이며 도덕적 축복이 있는 시대이다."113)

캔들리쉬에 관한 인용구는 현 논의에 있어서 중요한 의미를 갖는다. 일반은총이라는 축복은 속죄로부터 간접적으로 발생하는 것이지만 하나님께서 계획하신 것이다. 그리스도의 속죄적 사역에 나타난 하나님의 계획은 우선적이며 직접적인 택자의 구속에 관한 것이

---

110) *Calvin on Common Grace*, Oosterbaan and Le Cointre, Goes, 1928, p. 214.
111) *Systematic Theology*, p. 438.
112) *Historical Theology*, Edinburgh, 1871, II, 333.
113) *The Atonement*, London, 1861, pp. 358f.

다. 그러나 그것은 간접적으로 그리고 부차적으로 일반은총의 축복을 포함하고 있다. "저주와 죽음 이외에 자연인이 받는 모든 것들은 그리스도 구속 사역의 간접적인 결과" 라는 벌코프의 진술은 그렇게 포괄적인 것은 아니다. 그러므로 하나님께서는 그것을 계획하신 것이다.114)

구원의 우주적이며 신실한 제공

하나님의 일반은총 가운데 구원의 우주적이며 신실한 제공보다 더 큰 축복은 없으며 그것보다 더 큰 열매는 없다. 따라서 이것은 독립적인 논의가 필요한 문제이다. 개혁주의 신학자들이 언급하는 구원적 복음의 제공은 루터파 신학자들의 그것과 동일한 의미는 아니다. 옛 루터주의는 그리스도께서 온 세상의 죄를 없이 하려고 돌아가셨으며 이 좋은 소식인 복음의 선포가 모든 사람들에게 예외 없이 전달된다고 교훈했다.

좀 더 특별히 아담, 노아, 사도라는 세 시대에 복음이 모든 사람에게 알려졌으며 직접적 혹은 간접적으로 그들의 후손에게 전해졌다고 가르친다. 그러나 이러한 주장은 루터주의 신학이 그런 가르침을 중지한 후의 사상과는 모순된다. 노르웨이 신학자인 라스 닐센 다헬은 최근의 보수적인 루터주의 신학자들이 "부르심의 우주성이 필요한 전제"라고 주장한다고 말한다.

---

114) ***Systematic Theology***, p. 439.

> 즉, 성경적으로 확립된 진리인 하나님의 우주적인 구원 의지가 그의 부르심이 도달하기 전까지는 각 개인에게 현실화 되지 않는다는 성경 근거가 전제되어야 한다. 그러나 이것이 어떻게 발생하는지에 대해서는 우리가 말할 수 없다. 왜냐하면 오늘날 그것은 상대적으로 적은 숫자에게만 적어도 인류의 소수에게만 도달되는 것이기 때문이다.[115]

복음 초청의 보편성이라는 개혁주의의 견해는 위의 그것과는 상당히 다르다. 하나님께서는 교회들에게 모든 사람을 향해 복음을 설교하라고 명령하셨다. 그럼에도 불구하고 수 세기를 통하여 구원의 복된 소식을 한 번도 들어보지 못한 사람이 많은 것도 사실이다. 온 세상에 종말이 오기 전에 구원의 복음은 세상 모든 사람들에게 전파될 것이다. 복음은 특정한 사람들이나 나라에 국한되지 않는다. 복음은 유대인과 헬라인, 야만과 스구디아인 모두를 위한 것이다(골 3:11).

복음은 중생자와 비중생자, 택자와 불택자 모두에게 선포된다. "너희 목마른 자들도 물로 나아오라 돈 없는 자도 오라 너희는 와서 사먹되 돈 없이, 값 없이 포도주와 젖을 사라."(사 55:1) "수고하고 무거운 짐 진 자들아 다 내게로 오라 내가 너희를 쉬게 하리라."(마 11:28)와 같은 구절에서 알 수 있듯이 복음은 성령의 은혜를 통하여 거듭나고 자신의 상실된 상태를 깨닫는 사람들만을 위해 의도되었다고 말하는 것은 성경의 의미를 제한하는 것이다.

---

115) *Life after Death*, pp. 184f.

이러한 주장은 칼빈주의에 대한 풍자일 뿐이다. 에스겔 3장 19절은 이러한 초청이 불택자들과 중생 받지 못한 자들에게까지 도달되는 것이라고 말한다. 여기서 하나님께서는 선지자에게 이렇게 말씀하신다. "네가 악인을 깨우치되 그가 그 악한 마음과 악한 행위에서 돌이키지 아니하면 그는 그 죄악 중에서 죽으려니와 너는 네 생명을 보존하리라"(겔 3:19). 동일한 진리가 마태복음 23장 37절 눈물을 흘리시는 주 예수님의 슬픈 말씀에 의심의 여지없이 교훈되어 있다. "예루살렘아 예루살렘아 선지자들을 죽이고 네게 파송된 자들을 돌로 치는 자여, 암탉이 그 새끼를 날개 아래 모음과 같이 내가 네 자녀를 모으려 한 일이 몇 번이냐, 그러나 너희가 원치 아니하였도다."

도르트 신조는 "그리스도께서 십자가에 돌아가신 것을 믿는 자가 멸망치 않고 영생을 얻을 것이라는 복음의 약속"에 대해 말하고 있다. 도르트 신조는 다음과 같이 선언한다. "이 약속은 회개하고 믿으라는 명령과 함께 원하는 모든 나라와 모든 사람들에게 조금도 차별 없이 선포되어야 한다."[116]

개혁주의 신학이 구원의 우주적 선포를 신실하게 묘사할 때 그것이 단지 설교자가 택자와 불택자의 확실성을 구분해 낼 수 없음을 의미하는 것은 아니다. 바로 그 이유 때문에 모든 사람들에게 차별 없이 영생에 대한 가장 신실한 선포를 받아들이라고 초청하는 설교를 해야 한다. 개혁주의 신학은 영원 전부터 누가 구원받고 누가

---

116) Second Head of Doctrine, 5.

구원받지 못하는지를 결정한다고 생각한다. 또한 그리스도의 죽음을 통하여 구원하실 택자와 구원하지 않기로 계획한 불택자들을 무오하게 구별하실 수 있는 하나님께서 충분한 속죄를 근거로 모든 사람들에게 영원한 생명을 선포하실 수 있다고 주장한다. 더불어 하나님께서는 그들을 영원한 생명으로 긴급하게 초청하실 수 있으며 이 선포와 초청을 받는 모든 사람들이 그 초청에 응하기를 간절히 열망하신다고 가르친다.

이 관점에 있어 칼빈주의자들이 모순 또는 역설에 처해있음을 부인할 수는 없다. 모순 또는 역설이라는 용어가 올바르게 해석되기만 한다면 칼빈주의자는 그것을 부인할 필요가 없다. 칼빈주의자는 어떤 경우에도 진리가 비이성적이라는 변증법적 신학이 암시하는 조항들에 동의하지는 않을 것이다. 칼빈주의자는 속죄의 특별한 계획이라는 개혁주의 교리와 구원의 우주적이며 신실한 제공이라는 교리가 실제로 서로 모순된다는 사실을 인정하지 않는다. 오히려 그는 여기에 설명할 수 없는 외면적 모순의 존재만 기꺼이 인정한다.

칼빈주의자는 하나님의 주권과 인간의 책임이라는 진리와 마찬가지로 위의 두 진리 역시 인간의 이성으로 이해하는 한 결코 해결될 수 없지만 무한하신 하나님에게는 대단히 합리적인 것임을 믿는다. 그는 인간의 논리를 하나님의 이성 즉 하나님의 말씀에 복종시킨다. 인간의 이성이 유전적으로 제한적이며 타락 이후에 대단히 오류가 많은 것으로 전락했기에 칼빈주의자는 그것을 무오하신 하나님의 말씀에 복종시킨다. 속죄의 특별한 계획과 복음의 우주적이며 신실한 선포를 명료하게 가르치는 칼빈주의자는 겸손하게 무릎 꿇고 하나님께 경배하며 이렇게 외치게 될 것이다. "깊도다 하나님의 지혜와 지식의 부요함이여 그의 판단은 측량치 못할 것이며 그의 길은 찾지 못할 것이로다"(롬 11 : 33). 칼빈주의자는 이 두 가지 모두 다 인정할 것이다.

이러한 외면적인 모순을 희석하려는 시도들이 있었다. 예를 들면 하나님께서는 유기자들이 구원이 필요한 죄인들이기 때문에 신실한 구원을 선포하신다는 것이다. 이런 진술이 결코 문제의 본질을 완전히 해결하지는 못한다. 모든 진리를 완전히 꿰뚫고 계시는 하나님께서는 그들이 분명히 죄인이며 동시에 유기자임에도 후자로만 아신다고 말할 수는 없기 때문이다. 더욱이 구원의 우주적이며 신실한 선포를 교훈하는 성경 구절들의 제안과 암시를 통해서 문제의 어려움이 감소된다고 말할 수도 없다.

반틸은 그의 저서 『일반은총』(*Common Grace*)을 통해 하나님께서는 역사 안에서 사람을 다루신다는 사실을 지적하고 있다. 택자의 완전한 구원은 전제된 결론이지만 그들은 아직 그것을 온전히 이루지 못하였다. 그러므로 하나님께서는 실제로 그들에게 진노하신다. 유기자의 파멸 역시 전제된 결론이기는 하지만 아직 완전한 파멸에 이르지는 않은 것이다. 하나님께서는 실제로 그들에게 은총을 나타내신다. 바로 이것이 구원의 우주적이며 보편적인 신실한 선포이다.

이에 대해 반틸은 이렇게 말한다. "우리는 구원의 우주적이며 보편적인 선포를 일반은총의 증거라고 생각할 수 있다. 그것은 하등한 은총이 아닌 초기의 은총이다. 모든 일반은총이 초기의 은총이다. 그 은총의 일반성은 그것의 초기성에 있는 것이다."117) 이러한 사상은 실제 가치가 있는 것이지만 반틸은 이것으로 속죄의 신적 계획과 속죄를 근거로 한 구원의 우주적이며 신실한 선포에 관한 모든 문제의 모순을 다 해결했다고 생각하지는 않았다. 실상 반틸은 동일한 연구에서 이러한 모순이 매우 본질적인 것이라고 말했다.

> 우리 입장은 자연히 자기모순에 빠진다. 이것은 일견 우리가 이 모순을 실제적인 것으로 받아들이는 변증법적 신학자들처럼 보이게 한다. 그러나 결코 그렇지 않다. 실상 이것은 우리의 입장이 실제 모순인 것을 궁극적으로 받아들여야만 하는 필요성으로부터 우리를 구출해 주는 유일한 입장이다. 우리가 스스로 존재하시는 삼위일체라는 전제를 고수하지 않는 한 인간의 이성이라는 것은 공중누각에 불과하다. 그러나 이런 입장을 고수하려면 실제적 모순이라는 독으로부터 피해야 하며 동시에 외면적인 모순이라는 사상을 인정해야 한다. 우리가 전자를 배격하는 것은 오직 후자를 통해서만 가능하다. ... 하나님께서는 아무도 가까이 가지 못할 빛에 거하신다. 이것은 그의 존재뿐만 아니라 그의 이성까지 전제한다. 우리가 다루고 있는 모든 대상은 무엇인가? 최종적으로는 무한한 하나님이시다. 스스로 감추는 하나님, 신비로운 하나님이시다 ... 인간이 이해할 수 있는 이성적인 표현으로 기독교의 입장을 제시하는 것은 우리의 목적을 파괴한다. 그래도 그렇게 하기 원한다면 우리는 대적자들의 이성 표준을 수용해야 한다. 그렇게 되면 우리는 반드시 유한하신 하나님이라는 사상을 인정해야만 할 것이다.118)

---

117) p. 82.
118) Pp. 9f.

드 종(A. C. De Jong)은 "우리에게 모순적으로 보이는 여러 가지 술어들이 있지만 실상 그것들은 전혀 모순적이지 않다."고 말하며 다음과 같이 주장했다. "하나님의 행사와 태도는 독특하며 항상 인간의 철저한 논리적 분석을 초월하신다."119)

알미니안주의에는 이성주의에 대한 단호한 변설이 자리하고 있다. 그렇다고 알미니안주의가 성경이 하나님 말씀임을 의도적으로 배격하며 인간의 이성만을 강조하지는 않는다. 하지만 알미니안주의가 하나님 말씀의 특정하고도 명백한 부분을 부인하는 것은 슬프게도 사실이다. 왜냐하면 인간의 이성이 특별계시의 명확한 말씀과 조화되지 않기 때문이다. 그것이 바로 이성주의이다.

예를 들면 알미니안주의는 인간의 책임을 중시하며 하나님의 주권에 엄청난 폭압을 행사한다. 동일한 방식으로 17세기 초반 화란의 알미니안주의자들은 구원의 우주적이며 신실한 선포에 대한 과도한 열정으로 하나님께서 구세주의 죽음을 통해 오직 택자들을 구원하기로 계획하셨다는 사실을 부인하고 말았다. 항의자라고 불렸던 이 알미니안주의자들은 속죄의 특별한 계획에 관한 개혁주의 신학의 가르침이 우주적이며 신실한 복음 선포의 여지를 말살시켰다며 개혁주의를 고소한다.

이에 대한 칼빈주의의 대답은 무엇인가? 알미니안주의는 어리석은 함정을 판 것이나 다름이 없다. 그들은 이렇게 말한다. "속죄의 제한적 계획과 복음의 우주적이며 신실한 선포는 서로 분명히 모순

---

119) *The Well-Meant Gospel Offer*, p. 78.

된다. 그 어떤 사람도 이 두 가지를 한꺼번에 생각할 수 없다. 우리는 전자를 배격하기 위하여 후자를 선택한다. 그리고 칼빈주의자인 당신들이 전자를 고집한다면 후자를 배격할 수밖에 없는 선택을 하고야 말 것이다." 이것은 아주 순진한 발상이 아닐 수 없다. 칼빈주의자들이 만일 이런 함정에 걸려들었다면 그들은 알미니안주의자들과 동일한 이성주의에 빠지는 죄를 범하고 말았을 것이다. 다시 말하면 그들은 칼빈주의의 정수를 놓치게 되는 것이다.

그러나 칼빈주의자들은 그렇게 하지 않았다. 그 대신 유한하고 오류가 많은 인간의 이성을 하나님의 계시에 복종시켰다. 그들은 인간의 이성으로는 이 두 교리들을 일치시킬 수 없다고 인정했다. 도르트 신경은 이 두 가지 교리가 모두 하나의 오차도 없이 거룩한 성경에 기록되어 있다는 단순하고도 명확한 결론을 수용했다. 도르트 신조는 다음과 같이 말한다. "그리스도께서 십자가의 보혈로 말미암아 ... 반드시 모든 사람 모든 민족 모든 나라 그리고 모든 방언에서 영원 전부터 구원으로 선택 받고 아버지께서 주신 자들만 효과적으로 구속하시려는 것이 하나님의 뜻이었다."[120]

그들은 계속해서 명료하게 설명했다. "복음으로 부르심을 받는 모든 자들은 확실히 부르심을 받는다. 왜냐하면 하나님께서 그의 말씀을 통하여 가장 진지하고도 참되게 무엇이 그에게 합당한 것인지를 선포하셨기 때문이다. 즉 부르심을 입은 자는 반드시 그에게 나아가게 되어 있다는 것이다."[121]

---

120) Second Head of Doctrine, 8.

정통장로교회 제15차 총회는 구원의 우주적이며 신실한 선포라는 개혁주의 교리에 대해서 성경적 주해라는 연구를 회의록에 포함시켜 놓았다.122) 그것은 웨스트민스터 신학교의 존 머레이와 네드 스톤하우스에 의해 준비되었으며 그 후 『복음의 무조건적인 선포』(*The Free Offer of the Gospel*)라는 제목의 소책자로 출간되었다. 연구된 성경구절들은 다음과 같다.

마태복음 5장 44절부터 48절, 사도행전 14장 17절, 신명기 5장 29절, 32장 29절, 시편 81장 13절ff, 이사야 48장 18절, 마태복음 23장 37절, 누가복음 13장 34절, 에스겔 18장 23절, 32장, 33장 11절, 이사야 45장 22절, 베드로후서 3장 9절이다. 이 교리에 대한 성경적 증거는 압도적이어서 상세한 설명을 하기에 지면이 부족할 정도이다. 그러나 그 중에서 몇 가지만이라도 간략하게 살펴볼 필요가 있다.

이 연구는 "나 주 여호와가 말하노라 내가 어찌 악인이 죽는 것을 조금인들 기뻐하랴 그가 돌이켜 그 길에서 떠나 사는 것을 어찌 기뻐하지 아니하겠느냐"라는 에스겔 18장 23절의 주석을 인용할 수도 있었을 것이다. 칼빈은 이에 대해 다음과 같이 말한다.

> 하나님께서는 멸망으로 달려가는 자들보다 그들이 돌이켜서 구원의 길로 접어들기를 원하신다 ... 지금 선지자가 말하고 있는 것은 모두 사실이다. 하나님께서는 죄인의 죽음을 기뻐하지 않으신다. 하나님

---

121) Third and Fourth Heads of Doctrine, 8.
122) Philadelphia, 1948, Appendix, pp. 51-63.

께서는 당신의 품에 안기기 위해 오는 자들뿐만 아니라 그들이 구원의 길로부터 멀어져 있는 것을 볼 때 그들에게 큰 목소리로 돌아올 것을 명하신다 … 만일 누가 이것을 부정한다면 하나님께서 정해 놓은 숫자만 구원하신다는 하나님의 선택은 없을 것이다. 결론은 이렇게 간단하다. 그러나 선지자는 지금 여기서 하나님의 비밀스러운 경륜을 말하고 있는 것이 아니다. 그는 지금 다만 절망에 빠진 비참한 인간들의 용서를 기원하는 소망을 발견하고 제공된 구원을 받도록 촉구한다. 만일 누가 또 이것을 부정한다면 그것은 하나님을 표리부동한 분으로 만드는 것이다. 그러나 이에 대한 대답 역시 준비되어 있다. 하나님께서는 언제나 다른 방식으로 일하시고 그것을 우리가 알 수 없다 해도 여전히 동일한 것을 원하신다. 그러므로 하나님의 뜻이 단순하다 할지라도 그 안에는 엄청난 다양성이 존재한다. 게다가 강렬한 빛으로 우리의 눈이 멀었기 때문에 하나님께서 어떻게 모든 사람들이 구원받기를 원하면서도 모든 유기자들을 영원한 멸망에 처하게 하실 수 있는지 결코 파악할 수 없다. 눈이 먼 우리는 우리 지성의 한계에 만족해야만 할 것이다.[123]

흠정역 성경에 베드로후서 3장 9절은 다음과 같다. "주의 약속은 어떤 이가 더디다고 생각하는 것 같이 더딘 것이 아니라 오직 너희를 대하여 오래 참으사 아무도 멸망치 않고 다 회개하기에 이르기를 원하시느니라." 하지만 미국개역성경과 개역표준성경은 흠정역의 "너희를 대하여"를 "너를 대하여"로 읽기를 선호한다.

이 구절을 면밀히 검토한 이후 『복음의 무조건적인 선포』 저자들은 특정한 입장을 정리했는데 그 가운데 두 가지를 소개하고자 한다. 하나는 여기 하나님께서 오래 참으시는 대상으로서의 "너희"는

---

[123] *Commentaries on the First Twenty Chapters of the Book of the Prophet Ezekiel*, transl. by Thomas Myers, Edinburgh, 1850, loc. cit.

택자들 혹은 신자들을 의미한다고 제한할 수 없다는 것이다. 다른 하나는 다음과 같이 진술된다.

> 심판 날까지 하나님이 오래 참으시는 이유 또는 근거는 그의 '약속' 안에 있다. 하나님께서 그 어떤 사람도 멸망하기를 원치 않기 때문이 아니라 모든 사람이 회개에 이르기를 원하기 때문에 오래 참으시는 것이다. 회개는 생명의 조건이다. 회개 없이 인간은 멸망할 수밖에 없다. 그러나 여기 표현된 인간이 구원 받아야 한다는 하나님의 뜻은 절대 적인 것이 아니다. 그것은 "인간이 회개하기만 하면 내가 인간을 구원할 것이다."라고 말하는 것이 아니라 "네가 회개하면 구원 받을 것을 내가 약속한다." 라고 말하는 것이다. 이 두 구절은 하나님이 오래 참으심의 정의를 초월한다. 왜냐하면 이 구절들의 뒤에는 하나님의 오래 참으심에 무엇이 암시되어 있는지를 나타내기 때문이다. 이 은총은 하나님 자신 안에 근거해 있다. 이것은 죄인을 향하신 하나님 약속에 대한 표현이며 그의 약속은 그들을 구원하기에 조금도 부족함이 없으시다.[124]

이 연구의 결론부분에서 저자들은 다음과 같이 요약한다.

> 하나님께서는 악인들의 죽음이 아니라 악인의 회개와 생명을 기뻐하는 분으로서 자신을 계시하신다. 회개와 구원을 향한 하나님의 뜻은 보편적이다. 그러므로 회개와 구원을 향한 하나님의 사랑과 자비하심은 심지어 구원받기로 작정하지 않은 사람들에게도 미치는 것이다. 이러한 약속 혹은 기뻐하심은 회개하라는 보편적인 초청을 통해 표현된 것이다.[125]

화란 신학의 왕자인 헤르만 바빙크는 이렇게 말한다.

---

124) P. 25.
125) Pp. 26f.

구원이 소명을 통해 소수의 것이 된다는 것은 사실이지만 모든 이들이 인정하듯이 그것 자체는 그것을 배격하는 자들에게도 엄청난 가치와 중요성을 지니고 있다. 이것은 모든 이들에게 차별 없이 베푸는 하나님의 무한한 사랑의 독특한 증거이며 하나님께서 죄인의 죽음이 아니라 죄인의 생명을 기뻐하신다는 증거이다. 이것은 그리스도의 희생 제사가 모든 이들의 죄를 속량하기에 충분하다는 사실을 선언한다. 이것은 하나님의 소명이 누군가 상실당할 만큼 빈곤하거나 빈약함을 의미하지 않는다.126)

바빙크는 복음의 보편적이며 신실한 선포를 속죄의 충분성과 연관시킨다. 그럼에도 그는 속죄를 통한 보편적 구원이 하나님의 계획이라고 암시하지는 않는다. 찰스 하지는 다음과 같이 진술한다.

하나님은 자연의 흐름과 당신 섭리의 경륜 속에서 결코 방해받지 않는 주권과 위엄 가운데 행하시기 때문에 눈에 보이는 결과나 섭리가 모순되어 보이는 듯해도 조금도 걱정할 필요가 없다. 성경에 보면 성령 하나님이 하나님의 목적과 진리와 조치를 그것 자체로 그대로 계시하고 드러내 보이신다 ... 또한 동일한 역사의 현장에서 죄인들을 향한 하나님 사랑의 확증을 발견하고 그 모든 택자들은 하나님께로 나아오게 될 것이다. 동시에 하나님은 많은 이들을 그들의 죄로 말미암아 멸망에 이르도록 내버려 두실 거라는 분명한 선언을 발견하게 된다. 마찬가지로 이 명백한 선언은 그들의 구속을 위해 당신의 독생자를 보내신 것을 포함하는 백성을 향한 독특하고도 불가해한 하나님의 사랑을 나타낸다. 말하자면 이는 그리스도께서 특별한 목적을 위해 육신의 몸을 입고 이 세상에 오셨으며 그의 양을 위하여 목숨을 버리셨다는 것, 그리고 교회를 위하여 당신의 몸을 드리셨다는 것을 의미한다. 이는 또한 그리스도께서 위하여 돌아가신 모든 이를 위한 구원이 죄인들을 믿음과 회개로 이끄는 성령 은사의 선물로 말미암아 특정한 자들에게 적용되고 발생함을 뜻한다. 동시에 누구든지 하

---

126) *Gereformeerde Dogmatiek*, IV, 7.

나님의 아들을 믿기만 하면 구원을 얻게 될 것이라는 모든 인류를
향한 하나님 선한 의지의 선언이다 … 그러므로 우리가 반드시 해야
할 일은 무엇인가? 그것은 이러한 하나님 섭리의 두 가지 국면을
무시해서는 안된다는 것이다. 도리어 우리는 마음을 활짝 열고 할
수 있는 한 최선을 다하여 이 두 가지 진리를 받아들이도록 노력해야
한다. 이 둘이 모순된다는 것을 볼 수 있든지 없든지 간에 … 이 두
진리는 모두 참되고 진실한 것이기 때문이다.[127]

그러므로 칼빈주의자는 사람들에게 그리스도께서 각각의 모든 사람을 다 구원하기 위해 돌아가셨다고 말할 수 없기 때문에 완전한 복음을 설교할 수 없다는 어리석은 생각이 출현한다. 커닝햄이 그의 『역사신학』(*Historical Theology*)에서 언급하고 있듯이 이것은 "우리 주님과 그의 사도들이 전혀 채택하지 않은 설교의 방식"이다.[128] 복음의 사역자가 사람들에게 말하기 위해 필요한 것은 그리스도께서 경건치 아니한 자들을 위하여 돌아가셨다는 것이며(롬 5:6) 어디서든지 경건치 아니한 자들이 회개하기만 하면 하나님께서 성심을 다하여 그들에게 영생을 수여하신다는 사실이다.

그러나 그는 거기서 멈추지 않는다. 그는 계속해서 하나님께서는 죄인들의 죽음을 기뻐하지 않으며 모든 사람이 구원에 이르기를 원하기 때문에 그들을 회개로 초청하심을 선포해야 한다고 주장한다. 설교자는 반드시 그들이 회개하고 믿기만 하면 하나님께서는 그들의 구원을 기뻐하신다는 사실과 더불어 칼빈의 에스겔 18장 23절 주석에 기록한 표현대로 "여호와께서 악인이 죽는 것을 조금

---

127) *Systematic Theology*, II, 561.
128) II, 344.

인들 기뻐하시랴"라고 말하며 죄인들에게 확신을 심어주어야 한다.

칼빈주의자는 알미니안주의자 만큼이나 복음의 보편적이며 신실한 선포를 제시한다. 진실은 칼빈주의자에 의해 선포된 이 선언이 인간의 구원을 인간의 의지에 좌우되는 것으로 만들어버리는 것보다 훨씬 더 의미 있다는 것이다.

후자는 "누구든지 원하는 자"의 복음을 자랑한다. 하지만 온 세상의 만인이 다 믿는데 "누구든지 원하는 자"라는 복음 선포가 무슨 의미가 있는가? 어떤 이는 공동묘지에서 죽은 자들을 향하여 이렇게 선포할 수도 있을 것이다. "누구든지 원하는 자는 살아서 일어나라." 반면에 칼빈주의자는 자연인의 의지가 아닌 전능하신 하나님의 은혜로 구원받음을 강조한다. 그는 이 세상 모든 곳에 하나님 은혜에 의해 부르심을 받은 자들이 있음을 안다.

그러므로 "누구든지 원하는 자"의 복음은 칼빈주의자에 의해서 선포될 때에만 의미가 있다. 그리고 그것이야말로 확실한 결과를 낳는 복음 선포이다. 다른 각도에서 보면 칼빈주의자에 의해 선포된 구원의 보편적이며 신실한 제공은 일관되지 못한 만인구원론자들에 의해 선포된 복음보다 훨씬 더 풍요롭다. 복음을 선포하고 제공하는 것은 바로 그리스도 자신이시다. 더욱이 칼빈주의자는 그리스도께서 십자가에 달리셨음을 선포한다.

그러나 알미니안주의자이든 바르트주의자이든 일관되지 못한 만인구원론이 제시하는 십자가에 달리신 그리스도와 칼빈주의자가 선언하는 십자가에 달리신 그리스도는 모든 면에서 같을 수 없다.

알미니안주의자가 말하는 십자가에 달리신 그리스도는 단지 영생의 문을 열어 놓은 것 밖에는 되지 않기 때문이다. 그러나 칼빈주의자가 선포하는 십자가의 그리스도는 영생을 획득하고 보증한다. 결과적으로 알미니안 설교자는 죄인들에게 구원의 가능성을 제공하지만 개혁주의 설교자는 실제적 구원을 제공한다.

따라서 오직 속죄의 신적계획에 관한 배타적 견해 아래에서만 온전한 성경적 충만성으로 구원의 보편적이며 신실한 제공을 선포할 수 있다.

온 세상의 구원

그리스도께서 성취하신 구원은 항상 개인주의적으로만 해석되어 왔다. 그리스도께서는 물론 개인을 구원하신다. 그러나 개인적 구원을 통하여 그는 온 세상을 구원하신다. 이 사실을 잊는 자는 성경의 보편적 구절들을 결코 정당하게 다룰 수 없다. 그리스도께서는 세상의 구주이시다. 하나님은 "자신의 아들을 세상의 구주로 보내실 것"을 계획하셨다(요일 4:14). "그는 우리 죄를 위한 화목제물이니 우리만 위할 뿐 아니요 온 세상의 죄를 위하심이라"(요일 2:2). 그리스도께서 그의 백성을 위하여 죽으셨고 또한 세상을 위해 죽으셨다고 말하는 것에는 하등의 모순이 존재하지 않는다. 많건 적건 상관없이 오늘이나 내일 그의 백성들이, 결국에는 '그 세상'(the world)이 될 것이다.

이 진리를 강조하는 것이 개혁주의 신앙의 특징이다. 택자는 그렇게 많은 개인들은 아니지만 집합적으로 교회를 구성한다. 사람들은 서로 단절된 입자들이 아니다. 오히려 그들은 인류라고 알려진 유기적 조직체의 구성원들이다. 그러므로 구원의 신적계획은 단순히 개인들만 다루는 것이 아니라 이 개인들의 집합으로 구성된 더 큰 단위를 다루고 있다. 하나님께서는 그리스도께서 그의 죽음을 통하여 반드시 그의 교회를 사고 인류를 구속하도록 계획하셨다.

세상의 구원이 개인의 구원과 같이 하나의 과정이라는 것을 기억할 필요가 있다. 개인들은 단계에 따라 구원을 받는다. 중생과 회심, 능동적 믿음과 칭의, 양자와 성화 그리고 영화가 계속해서 뒤따라온다. 특별히 성화는 통상적으로 긴 과정이다. 모든 구원받은 자는 가끔 이렇게 한탄하기도 한다. "내가 원하는 바 선은 행하지 아니하고 원치 아니하는 바 악은 행하는도다"(롬 7:19).

성도가 마지막 숨을 쉬는 순간까지 그는 죄인인 것이다. 마지막 트럼펫이 울리기 전까지는 완전한 영혼과 함께 영원한 생명이 주는 충만한 기쁨을 누리지는 못한다. 마찬가지로 세상의 구원 역시 하나의 과정이다. 따라서 점진적으로 그리고 많은 방해를 겪으며 완전으로 나아가는 것이다. 그리스도께서 오실 때에 개인 신자들은 모두 그와 같이 될 것이다. 왜냐하면 그들이 그의 계신 그대로 볼 것이기 때문이다(요일 3:2). 바로 그 때에 그곳에 새로운 인류가 거할, 새 하늘과 새 땅이 있게 될 것이다(계 21:1). 거기 온전히 구원된 세상이 있을 것이다.

따라서 세상의 구원에 대한 성경적 교훈은 일반적 의미에서의 만인구원론이 아니다. 모든 사람이 다 구원받는 것이 아니다. 개인 구원의 장황한 과정으로 인해 많은 시간과 재능 그리고 많은 기회들을 상실하게 될 것이다. 마찬가지로 인류의 구원도 구불구불한 과정을 거치며 많은 이들이 구원에서 제외될 것이다.

전자의 경우에는 온전히 구원받은 개인이 후자의 경우에는 온전히 구원받은 세상이 될 것이다. 이에 대해 워필드는 다음과 같이 해설했다. "이것은 아마도 성경이 모든 이들의 만인구원론이 아니라 종말론적인 보편주의를 교훈하고 있다고 표현할 수 있다."[129]

하나님께서는 속죄를 통하여 넓은 의미의 세상을 구원하기로 계획하셨다. 인간이 인류라고 알려진 유기적 공동체의 구성원이기 때문에 인류는 우주의 구성요소가 된다. 그리스도의 죽음은 우주에 매우 중요한 의미를 가진다. 오리겐은 그리스도께서 무생물을 위해서도 공로적으로 고난 받으셨다는 견해를 주장한다. 성경에서 이러한 개념을 발견할 수 없지만 성경은 창조의 머리가 되는 인간의 타락이 전피조물에 영향을 끼쳤고 무질서와 혼돈으로 치닫게 했다고 교훈한다. 따라서 인간의 죄를 속하신 그리스도께서는 궁극적으로 이런 죄의 결과를 파괴하실 것이라고 가르친다. 이에 대해 바울은 다음과 같이 언급한다.

> 피조물의 고대하는 바는 하나님 아들들이 나타나는 것이니 피조물이

---

129) *The Plan of Salvation*, pp. 130f.

허무한데 굴복하는 것은 자기 뜻이 아니요 오직 굴복케 하시는 이로 말미암음이라. 그 바라는 것은 피조물도 썩어짐의 종 노릇한데서 해방되어 하나님의 자녀들이 영광의 자유에 이르는 것이니라. 피조물이 다 이제까지 함께 탄식하며 함께 고통받는 것을 우리가 아나니(롬 8:19-22).

다른 곳에서는 또 이렇게 기록하고 있다. "하늘에 있는 것이나 땅에 있는 것이나 다 그리스도 안에서 통일되게 하려 하심이라"(엡 1:10). "그의 십자가의 피로 화평을 이루사 만물, 곧 땅에 있는 것들이나 하늘에 있는 것들을 그로 말미암아 자기와 화목케 되기를 기뻐하심이라"(골 1:20).

이 구절들이 교훈하는 모든 피조물의 궁극적인 회복, 심지어 타락한 천사들과 유기자들의 회복이라는 견해는 성경의 명백한 가르침과 모순된다. 바빙크는 여기 하늘에 있는 천사들이 선한 천사들이라고 주장한다. 그들은 피조된 전체 천사들의 일부분이었는데 어떤 천사들의 부족함으로 말미암아 천사의 유기적 공동체로부터 분열되었다는 것이다.

그러나 그리스도 안에서 온전한 공동체로 회복될 것이다.130) 그러나 "만물"이라고 한 중성적 단어를 생각해보라. 이것은 분명히 우주를 지칭하는 말이다. 죄는 모든 피조물과 하나님과의 관계를 왜곡시키고 어지럽혔다. 그러나 그리스도 안에서 특별히 그의 죽음 안에서 이 죄의 결과는 제거된다. 하나님께서는 모든 것을 화목시킬

---

130) *Gereformeerde Dogmatiek*, III, 537.

것이며 모든 것을 조화롭게 만드실 것이다. 바로 이것이 그리스도 십자가의 우주적 중요성이며 속죄의 신적 계획에 있어 핵심적 요소이다.

실상 개혁주의 신학은 속죄의 보편적인 신적 계획을 교훈하고 있다. 뿐만 아니라 오직 개혁주의 신앙에 근거해서만 참된 보편주의가 일관되게 유지될 수 있음을 말해야 한다. 그리스도께서 속죄로 말미암아 모든 사람의 구원을 계획하셨다고 가르치는 사람들의 만인구원론은 성경적으로 모순되기 때문에 참된 보편주의로 간주될 수 없다.

이것은 다만 인간의 감정적인 사색이 만들어낸 허구일 뿐이다. 하나님께서 속죄를 통하여 모든 사람을 구원하기로 계획하셨지만 그 계획이 완전한 효과를 거두지 못한다고 가르치는 사람들의 보편주의 역시 일관적이지 않을 뿐더러 성경적이지도 않다. 이것은 겉으로만 그럴듯해 보이는 보편주의이다. 반면 칼빈주의는 참된 성경적인 교훈을 주기 때문에 가장 진실한 보편주의이다.

무엇이 칼빈주의자를 제한속죄주의자 즉, 구원문제에 관한 한 배타주의자가 되게 하는가? 칼빈주의자는 구원이 오직 하나님으로부터만 온다고 가르치기 때문이다. 이 동일한 주장은 또한 그를 성경적 의미의 보편주의자로 만든다. 하나님의 절대 주권이야말로 개인과 세상 모두의 구원에 대한 살아있는 참된 기초가 된다. 워필드는 다음과 같이 말한다.

그대가 원한다면, 다가오는 구원받은 세상의 영광을 보기 위해 눈을 들어 장래를 바라보라. 그대는 오직 하나님만이 사람들을 구원하는 분이시라는 진리를 깨닫게 될 것이다. 그대는 사람들의 모든 구원이 하나님으로부터 나온다는 것을 발견할 것이다. 그의 시간에 그의 방법으로 우리 영혼의 구세주이자 온 세상의 구주가 되는 우리가 사랑하는 분에게 경배하기를 주저하지 않는 온 세상이 그의 발 앞에 오는 것을 발견하게 될 것이다. 그리고는 우리 죄 뿐만 아니라 세상 죄의 화목제물을 친히 준비하고 선포하시는 하나님을 발견할 것이다. 따라서 칼빈주의는 제한속죄의 후견인이자 보편주의의 후견인이다. 즉, 주 여호와 하나님께서는 내 영혼의 구원자이실 뿐만 아니라 동일하게 온 세상의 참된 구세주가 되신다.[131]

이 학식 있고 헌신적인 신학자 워필드는 그의 명저 『구원의 계획』에서 이렇게 결론짓고 있다.

모든 사람에게 구원의 길을 열지 않고 실제로 그의 백성을 구원하는 분이 그리스도가 아니시라면 구원받은 세상이 있다고 믿을 이유는 없다. 세상의 구원은 전적으로 항거할 수 없는 능력을 지니신 주 예수 그리스도 자신의 독점적인 사역에 좌우된다. 따라서 오직 칼빈주의자만이 개인의 구원과 세상 구원의 믿음을 보증하는 자이다. 양자 모두 다 하나님의 주권적인 은혜에 좌우되기 때문이다. 이 외의 다른 모든 기초들은 무너지고 만다.[132]

---

131) ***The Plan of Salvation***, p. 126.
132) Ibid., p. 132

인명 색인

고뎃, F. L.　29, 48
그레고리, 나지안주스의　15
그레고리, 니사의　15
그레이다누스, S.　52
그로솨이데, F. W.　42
낙스, 존　97
넬슨, 호레이쇼　40
니이버, 라인홀드　65
다헬, 라스 닐센　129
단, 제임스　126
데니, 제임스　6
도드, C. H.　17
드 종, A. C.　135
로빈슨, J. A. T.　17
루터, 마틴　48, 97, 107
뤼케르트, 레오폴트 I.　29
마이어, H. A. W.　27, 48, 49, 51, 90
머레이, 존　137
메이첸, J. 그레샴　7, 42, 53, 97, 110, 111
메이휴, 조나단　16
미카엘리스, 빌헬름　18
바르트, 칼　65, 116, 117
바빙크, 헤르만　73, 74, 97, 107, 139, 140
반틸, 코넬리우스　7, 125, 126, 133, 134
벌카우어, G. C.　67, 68, 81, 85
벌코프, 루이스　55, 61, 124, 125, 128, 129
벡위드, C. A.　37
벵겔, J. A.　29, 48
뵈트너, 로레인　7
불트만, 루돌프　65
브루너, 에밀　65
비트, 요셉 A.　29
셀던, 헨리 C.　114
쉐드, 윌리엄 G. T.　29, 55, 110
슐라이어마허, F. W.　16
스미스, 윌리엄　16
스미튼, G.　56
스톤하우스, N. B　137
스펄전, 찰스 H.　4, 97
안셀름, 캔터베리의　67
알미니우스, 야고보스　35, 36, 104
어거스틴, 히포의　29, 97, 104, 107
에드워드, 조나단　29, 97
에리게나, 존 스코투스　16
오리겐　15, 145
오웬, 존　41, 62, 124
올스하우젠, 헤르만　48
워필드, 벤자민 B.　7, 31, 44, 50,

75, 76, 87, 89, 92, 97, 107, 114, 115, 145, 147, 148
웨스트코트, B. F. 51
위클리프, 존 97
촌시, 찰스 16
칠링워스, 윌리엄 36
카버, 윌리엄 오웬 37
카이퍼, 아브라함 107
카이퍼, 헤르만 127
칼빈, 존 49, 75, 102, 103, 125, 127, 137, 141
캔들리쉬, 로버트 S. 128
커닝햄, 윌리엄 128, 141
클락, 사무엘 37
클레멘트, 알렉산드리아의 15
테일러, 제레미 36
테일러, 존 37
톤웰, 제임스 H. 97, 107
튜레틴, 프란시스 54
틸롯슨, 존 36
틸리히, 폴 65
파머, H. H. 18
패터슨, 윌리엄 P. 16, 23
페레, 넬스 F. S. 19, 20
플라톤 15
하지, 찰스 26, 30, 97, 104, 105, 123, 124, 140
하지, 케스퍼 W. 72, 97
하스티, 윌리엄 16
헹스텐베르그, 에른스트 W. 48

호프만, J. C. K. 29
홀스텐, K. C. J. 29
휘트비, 대니얼 37
휫필드, 조지 97

그리스도는 누구를 위해 죽었는가?

제1판 제1쇄 2012년 8월 1일 발행

지은이 R. B. 카이퍼
옮긴이 현영훈·신호섭
발행인 석원태
발행처 고려신학교출판부
주 소 경기도 파주시 파산서원길 64-68
전 화 031-958-6008 **팩스** 031-958-6007
등 록 제49호 (2000년 1월 21일)
총 판 **생명의 말씀사** (Tel 02-3159-7979)
서울시 종로구 송월동 32-43

값 8,000원
ISBN 978-89-954822-8-5 93230